교회에 뿌려진 가라지 용어들

교회에 뿌려진 가라지 용어들

변이주 지음

나침반

용어의 개념이 정립되지 않은 상태에서는…

말〔言語〕은 생각〔內容〕을 담는 그릇이다.

그릇이 잘못되면 내용도 잘못될 수밖에 없다.

신학용어는 신학을 담는 그릇이다.

신학용어가 잘못되면 신학도 따라서 잘못된다.

그러므로 용어는 모든 학문의 나침반과 같은 구실을 한다.

나침반이 방향을 잘못 지시하면 목적지가 엉뚱한 데로 바뀔 수가 있기 때문이다. 이와 마찬가지로 잘못된 신학용어는 엉뚱한 신학을 만들 수 있다.

그 단적인 예가 '죽으시다'는 표현이다. '죽으시다'는 말은 '기가 죽으셨다'든가, '풀이 죽으셨다' 등 아무튼 목숨이 끊어진 것과는 상관없는 상태를 나타낼 때만 쓸 수 있는 말이다.

따라서 '예수님은 십자가에서 죽으셨다'고 하면 예수님께서는 십자가에서 목숨이 끊어지셨다는 뜻이 아니라 기절하셨거나 졸도하셨다는 뜻이 된다.

나는 '죽으시다'는 표현이 과연 맞는지 확실히 알아보고 싶은 의욕이 계기가 되어 국어를 연구하게 되었고 결국 학위를 취득했다. 한국 기독교 130년 역사 상 최초의 목회자 국어학 박사가 된 것이다. 연구 결과 한국 교회에서 사용하는 말 중에 '죽으시다'와 같이 어법에도, 신학에도 맞지 않는 용어가 대단히 많다는 사실을 알아냈다. 안타까운 마음을 금할 수 없다.

그런데 더욱 염려스러운 것이 있다. 가라지 용어에 길들어버린 한국 교회가 구즉난변(久則難變)이라는 말처럼 잘못된 습관이 오래 가다보면 고치기가 어려울 수 있다

이 책이 나침반출판사에서 간행되어 나온 것도 하나님의 섭리에 의한 것이라고 나는 믿는다. 이제 방향을 바르게 제시하여 정상궤도로 이끄는 일은 나침반이 감당해야 할 몫이기 때문이다.

이 책을 출판하는데 기도로 동역해준 알곡교회 성도들과 가족들, 그리고 나침반출판사 김용호 대표님과 직원들에게 진심으로 감사의 뜻을 표하며 아무쪼록 이 책이 한국교회 용어의 나침반이 되어주기를 기도한다.

하나님의 영광을 위하여

변 이 주

차례

1

'교회 . 성전 . 예배당'은
각각 별개의 개념인가?

1. 교회의 기본 의미는 '구원받은 성도들의 모임, 혹은 단체'이
   다. 그러나 초대교회부터 현대에 이르기까지 '모임 혹은 단
   체'뿐만 아니라 '건물'의 의미도 함께 지니고 있다.

2. 성전의 기본의미는 '(제사나 예배를 위한) 건물'이다. 구약의
   성전은 '성소와 지성소 및 성전 뜰'을 아우르는 개념이었다.
   그러나 예수 그리스도의 희생으로 구원이 완성된 이후 '성소
   와 지성소 및 성전 뜰'은 구원의 완성과 함께 의미가 상실되
   었고 '구별된 건물'로서의 성전만 존재하게 되었다.

3. 예배당을 지어놓고 봉헌식을 하는 것은 예배당이야말로 성
   전, 즉 구별된 건물이기 때문이다. 그러므로 '예배당'을 '성
   전'이라고 하는 것은 잘못된 말이 아니다.

4. 이와 같은 이유로 국어사전과 백과사전은 물론 신학사전에
   서까지 '교회와 성전과 예배당'은 동의성을 가진 말로 규정
   하고 있는 것이다.

한국 교회에서는 일반 교역자들도 그렇거니와 특히 신학자들 중에 '교회'와 '성전'과 '예배당'을 별개의 개념으로 보는 시각이 우세하다. 따라서 교회와 성전과 예배당의 의미적 연관성을 고려하지 않은 주장들이 난무하여 일반 성도들이 혼란스러워하고 있다. 실례를 들어본다.

(1)

가. 교회는 어떤 건물이나 조직, 혹은 어떤 운동이 아니라 하나님의 백성이다(이○○, 1989:12).

나. 유형적 성전은 없다…… 사도 바울은 그리스도를 모신 성도의 몸이 하나님의 성전이라고 하였다.…… 성전은 성도 개개인의 몸으로 하나님의 처소를 말하나 교회는 그리스도의 생명을 수여받은 성도의 유기체인 공동체이다.…… 건물은 '교회'가 아니라 '예배당'으로 지칭되어야 한다. 예배당은 그리스도인들이 하나님께 예배드리는 집이다. (김○○, 2014:6).

다. 예배당을 성전이라고 하는 것이나 예배당 앞부분을 '제단'이라고 하거나 예배 인도자를 어떤 의미에서라도 '제사장'

또는 '사제'라고 하는 등 이와 관련된 모든 잘못된 의식과 용어조차도 제거되어야 한다(이○○, 2014:5).

이와 같은 주장은 신학에 집착한 나머지 우리말의 넓은 의미에 대한 이해가 부족한 데서 비롯된 것으로 볼 수 있다. 그렇지 않으면 통시적 관점에서 이해해야 할 부분을 공시적 관점에서 이해한 편견에서 비롯된 결과일 수도 있다.[1]

1. 교회 · 성전 · 예배당의 신학적 의미

한국 교회에서는 건물과 연관하여 '교회'와 '성전'과 '예배당'에 관한 의미를 철저히 구분한다. 이 중 예배당은 '개신교에서, 신자들이 모여 예배하는 집'이라는 국어사전의 풀이가 그대로 신학에도 적용되는 것으로서 이론의 여지가 없다. 문제는 '교회'와 '성전'이다.

---

1) '공시언어학(共時言語學)'이란, 언어 연구에 있어 특정된 한 시기의 한 언어상태를 연구대상으로 하는 언어학의 한 부문을 말하며 정태언어학(靜態言語學)이라고도 한다(國語國文學資料辭典上, 1995:253). 한편 시간의 흐름에 따라 변화하는 언어의 모습을 기술하는 분야를 통시언어학(通時言語學)이라고 하며 언어의 역사적 발전단계를 기술한다. 통시언어학은 공시언어학의 바탕 위에 서 있다(成百仁·金絃權, 1994:22).

1.1. 교회

교회를 일컫는 성경적 명칭은 일반적으로 구약에서 '카할 (קָהָל)'과 '에다(עֵדָה)'가, 신약에서는 '에클레시아(ἐκκλησία)'와 '수나고게(συναγωγή)'가 쓰였다. 각각의 두 단어를 합쳐서 풀이하면 구약과 신약의 의미가 비슷한데, 그 의미는 '(하나님의)부르심을 받은 단체'로 집약된다(삘콥, 1981:13 -14).

그러나 구약시대에는 교회라고 해도 신약시대와 같이 분명한 의미를 나타내고 있는 것이 아니었고 신약에 와서야 비로소 맨 처음으로 예수께서 교회라는 말을 사용하심으로 분명해졌다(정 규오, 1982:173).

가. 구약

구약에서는 '카할(קָהָל)'과 '에다(עֵדָה)'가 교회의 명칭으로 쓰였다. '카할(קָהָל)'은 '부르다'는 뜻을 가진 말로서 원래 백성의 실재적인 회집을 나타내는 데 쓰였다.

'에다(עֵדָה)'는 '지정하다' 또는 '지정된 장소에 모이거나 만나다'는 뜻을 가진 말로서 원래 지명에 의한 회집이며, 이스라엘에 적용될 때 이스라엘의 자녀나 그들의 대표자들에 의해 형성된 사회 그 자체를 나타낸다(삘콥:13). 두 낱말을 조합하면 '(하나님의)부르심을 받은 사람들의 모임, 혹은 단체'가 된다.

나. 신약

신약에서는 70인역에서 '에클레시아(ἐκκλησία)'와 '수나고게(συναγωγή)'가 교회 명칭으로 쓰였다. '에클레시아(ἐκκλησία)'는 '불러내다'는 뜻을 가진 말로서 '지교회에 있는 일단의 신자'를 나타낼 때 가장 활발하게 쓰였다(뻴콥:15).

그런가하면 어떤 경우에는 소위 가정 교회, 즉 어떤 개인집에 있는 교회를 나타내기도 했다(뻴콥:16).

'또 저의 집에 있는 교회(롬 16:5)' 및 '브리스가와 그 집에 있는 교회(고전 16:19)', '눔바와 그 여자의 집에 있는 교회(골 4:15)', '아킵보와 네 집에 있는 교회(몬 2)'와 같은 표현들은 건물(장소) 자체에 교회의 의미를 부여한 경우로 볼 수 있을 것이다.[2]

또한 이 말은 전 세계를 통하여 임명된 직원들의 지도하에 예배의 목적을 위해 외적으로 그리스도를 고백하고 조직체를 구성한 자들의 전체 단체를 나타내는데 사용됐다(뻴콥:16).

'수나고게(συναγωγή)'는 '함께 오다, 함께 모으다'는 뜻으로 독점적으로 유대인의 종교적인 모임이나 또는 그들의 공공적인

---

2) 『CD-ROM 2.0 성경』(대한성서공회, 2005) 「개역개정(1998)」에 '교회'라는 말이 112회 나타난다. 그런데 건물과 관련이 있는 경우에도 '교회당'이라든지 '예배당' 등의 구별된 표현을 사용하지 않았다. 이로 미루어 신약교회에서 이미 상황에 따라 '교회'에 '건물'의 의미를 포함하여 사용했음을 짐작할 수 있다. 사람의 모임에 있어서 건물은 필수조건이기 때문이다.

예배를 위해 모였던 건물을 나타내는데 사용됐다(뻴콤:14-15).

70인역은 히브리어 '카알'의 번역에서 '에클레시아'를 거의 100번 가량 사용하고 있는데 '카알, 에클레시아'- 이 두 단어의 기본적 의미는 회의, 혹은 모임이다(聖書百科大事典Ⅱ, 1979:646).

'에클레시아(ἐκκλησία)'와 '수나고게(συναγωγή)'를 조합하면 이 역시 '(하나님의)부르심을 받은 모임, 혹은 단체'가 된다.

이 공동체는 예수 그리스도의 복음의 말씀을 받아들이고, 그리스도의 죽음과 부활의 상징적인 의식(세례식)에 참여하고, 성령의 선물(새 생활)을 받고, 일반예배와 성찬예식에 참석하기 위하여 함께 모였다(벤 A. 하비, 1992:63).

1.2. 성전

'성전'은 건물이 아니라고 하는 주장이 압도적이어서 일반성도들뿐만 아니라 교역자들까지도 혼란스러워하는 사람들이 많다. 신학적 의미를 살펴본다.

2.2.1. 성전의 의미

성전은 하나님께 예배하는 집이다. 히브리어의 명칭은 '궁전(הֵיכָל)', '성소(קֹדֶשׁ)', '집(בַּיִת)'이며, 그리스어의 명칭은 '성전 범위의 전부(ἱερόν)', '성전(οἶκος)', '내전(內殿=ναός)' 등이다 (神學事典, 1981:334).

구약성경에는 성전(temple)이라는 단어가 없다. 단지 집(בַּיִת) 혹은 야훼의 집(בֵּית יְהוָה)이라고 나타난다. 솔로몬이 지은 성전이란 명칭도 수메르어의 "에-갈(E-Gal, 여기서 '에'는 '집'이란 뜻이고 '갈'은 '큰'이란 뜻이다)"에서 취한 것이다. '에갈'이란 단어는 히브리어로 '성전'이란 뜻의 '헤칼(הֵיכָל)'로 나타난다. 이렇게 볼 때 성전은 하늘의 하나님이 '땅에 머무를 때 계시는 곳' (earthly abode, 시 26:8)이라고 할 수 있다(윤형, 2004:16-17).

성전은 영역본들에서 'temple'이라는 말로 번역되었는데 이 말은 특히 하나님, 혹은 신들의 예배를 위해 건축된 인공적인 건물을 가리키는 말이다. 히브리인들에게는 우리가 성전이라 부르는 것과 같은 명확한 단어는 없었지만, 그들은 예배를 위해 건축된 건물을 '집' 혹은 '신성한 집'이라는 말을 사용했다(聖書百科大事典Ⅵ, 1979:358).

1.2.2. 성전의 변천

가. 모세의 성막

성전의 출발은 모세의 성막에서 시작된다. 성막은 히브리 원어로 미쉬칸(מִשְׁכָּן)인데 '거처'를 의미한다. 이는 이스라엘 백성들이

애굽을 떠나서 광야 생활을 할 때 하나님을 공경하는 장소로 마련된 시설이었다(박윤선-창세기 · 출애굽기-, 1978:598). 다른 이름으로는 회막(민 11:16), 장막(출 26:9-11), 성소(출 25:8), 여호와의 장막(왕상 2:28-30) 등으로 불렸다.

성막의 구조는 크게 성소, 지성소, 성막 뜰로 나누어진다.

나. 예루살렘 성전

이스라엘이 광야에서 유리할 때는 그들의 생활이 안정되지 않았던 때였으므로 장막이 여호와를 섬기는 장소였다. 그러나 안정을 찾은 때에는 일정한 처소에 건물이 필요하게 되었다(박윤선-사무엘서-, 1978:186). 이에 솔로몬에 의해 예루살렘에 성전이 세워졌는데, 모세의 성막을 본받아 이를 확장한 것이다. 예루살렘 성전은 솔로몬 성전이 바벨론에 의해 훼파당한 후 두 차례에 걸쳐 재건축되었다.

첫 번째 재건축은 스룹바벨에 의해서 이루어졌는데 솔로몬 성전과 동일한 터전 위에 세워졌다. 유대 작가들은 이를 '두 번째 성전'이라고 부른다.

두 번째 재건축은 헤롯 대왕에 의해서 이루어졌으며 앞의 두 성전과 동일한 터전 위에 건립됐다. 건축 양식은 그 당시 유행하던 새로운 양식, 즉 헬레니즘적 로마 양식에 따라 완전히 새로 짓다시피 했다. 신약에서는 헤롯 성전에 대한 언급이 100번도 넘게 나오지만, 성전의 치수나 외관에 관한 세부 자료는 별로 없다(聖書百科大事典Ⅷ, 1981:625).

다. 그리스도 교회의 성전

신약 시대 이후 그리스도인들은 예수 그리스도로 더불어 하나님의 집으로 성별된 성전을 귀히 여기면서 성전에 대한 신념을 더욱 새롭게 한다(神學事典, 1981:335).

① 예수 그리스도의 몸은 하나님의 성전이다(요 2:19-22).

② 그리스도인의 몸도 하나님의 성전이다(고전 6:19-20).

③ 그리스도의 교회는 그리스도로 더불어 하나님의 성전이요 (엡 2:20-22),

④ 영원한 하늘의 성전이다(히 9:1-28).

그런데 박윤선은 신약 시대의 성전이 비유로만 사용되었다는 전제 아래 '성전은 신자들의 단체(교회)를 비유하며 또한 신자 개인을 비유하기도 한다'고 주장했다. 그러면서 "신약 시대의 성전은 신자들 각 개인 자신들이다. '나' 밖에 다른 것을 성전이라고 함은 신약 계시의 진리가 아니"라고 하여 모순된 논리를 펼쳤다(박윤선, 1983:219).[3]

---

3) 박윤선의 주장대로 신약 시대의 성전이 비유로만 사용되었고, 성전이 신자 개인을 비유하는 것이라면 결국 신자 개인은 성전이 아니라는 얘기가 된다. 비유란 '어떤 현상이나 사물을 직접 설명하지 아니하고 다른 비슷한 현상이나 사물에 빗대어서 설명하는 일'(표준국어대사

1.3. 집단과 건물

앞에서 살펴본바 '교회'와 '성전'의 신학적 의미 구분은 '집단' 과 '건물'로 나타낼 수 있다. 교회는 '(하나님의 부르심을 받은 사람들의) 단체'로, 성전은 '(제사나 예배를 위한) 건물'로 정의할 수 있다. '수나고게(συναγωγή)'가 종교적인 모임이나 또는 그들의 공공적인 예배를 위해 모였던 건물을 나타내는데 사용되기도 했지만 '교회'의 중심 의미는 '집단'이다.

성전은 신약시대 이후 건물로서는 존재하지 않으며 신약시대 이후 예수 그리스도의 몸과 그리스도인의 몸이 '성전'이라고 하는 주장이 우세하지만 그것은 비유일 뿐이다. 그렇다고 '성전'이란 말이 사라진 것이 아니며 '성전'이라는 말에서 '건물'의 의미가 제거된 것도 아니다. 따라서 '성전'의 중심 의미는 예나 지금이나 '건물'이다.

그런데 건물로서의 '교회'가 활발히 쓰이기 시작 것은 근대에 이르러서이다. 이는 의미의 변화 현상과 무관하지 않은것이다.

전)이기 때문이다. 예를 들어서 '장기려는 한국의 슈바이처다'라는 비유는 장기려 자신이 슈바이처라는 말이 아니라 슈바이처와 같이 남을 위해 헌신한 사람이라는 뜻이 된다.
한편 하나의 단어는 원래의 의미를 지닌 채 하나 이상의 비유적인 의미를 가질 수 있다. 이 두 의미 사이에 혼란이 없으면 두 의미는 한 단어의 다의어로서 공존한다. '개'는 〔犬〕이라는 본래의 의미를 가지고 있지만, 개가 가지고 있는 속성 때문에 '앞잡이'〔走狗〕라고 하는 비유적인 의미를 하나 더 가지게 되는 것이다(윤평현, 2010:174). 박윤선의 주장대로라면 신약 시대의 '성전'은 '교회(신자들의 단체)'와 '성도(신자 개인)'의 다의어로서만 사용되었을 뿐이지 '성전'이 본래 가지고 있는 '건물'의 의미는 그대로 유지하고 있다는 논리가 된다.

김형철(1997:186)에 따르면 '교회와 예배당'은 '예배와 미사를 드리는 곳'의 의미를 지닌 어휘로『한불자전』, 『한영자전』두 자전에 '셩뎐, 셩회, 셩교회, 셩당, 교회, 례빅당' 등이 나오는데, 교회는 규모가 큰 것이고 예배당은 교회에 딸려 있거나 규모가 좀 작은 것을 가리킨다고 했다.

2. 의미의 변화

교회는 건물이 아니며 성전은 신약시대 이후 건물로서는 존재하지 않는다는 주장이 지배적이다. 그러나 이는 의미의 변화현상을 고려하지 않은 데서 비롯된 결과이다.

2.1. 의미 변화

언어는 본질적으로 고정된 것이 아니라 세월의 흐름 속에서 서서히 변하기 마련이다. 언어는 공시적(어떤 시기를 횡적으로 바라봄)으로 사회성을 가지면서 통시적(어떤 시기를 종적으로 바라봄)으로 꾸준히 변화하는데, 언어의 통시적 변화를 언어변화(change of language)라고 한다(윤평현, 2010:193). 언어는 시간의 흐름 속에서 지속적으로 크고 작은 변화를 겪으면서 발전해 가는데 이에 따라 의미도 변화 과정을 거치게 된다. 그리고 의미변화의 결과로 의미가 축소되기도 하고 확대되기도 하는 것이다.

2.1.1. 의미의 축소

의미가 변화하여 지시 범위가 원래의 범위보다 좁아지는 것을 의미의 축소라 한다.

예를 들어 중세 국어의 '놈'은 [사람의 평칭]이었다. 그런데 근대 국어의 '놈'은 다의적(多義的)으로 사용되어 ① [사람의 평칭]과 ② [남자의 비칭]이었다. 또한 현대 국어의 '놈'은 [남자의 비칭]이다. 따라서 중세 국어의 '놈'은 [사람의 비칭]에서 [남자의 비칭]으로 특수화 된 것이다. 중세 국어의 '얼굴'은 [형체]의 뜻을 가졌다. 근대 국어에서 '얼굴'은 [형체]의 뜻뿐만 아니라 [顔(안): 얼굴, 안면]의 뜻도 가졌다. 현대 국어의 '얼굴'은 특수화 되어 [안면(顔面)]의 뜻으로 쓰인다. 중세 국어에서 [안면]을 뜻하는 단어로 '낯'이 있었는데, 중세 국어에서 [형체]를 뜻하던 '얼굴'이 현대 국어에 와서 [안면]을 뜻하게 되자 현대 국어 '낯'은 비속어로 되었다(심재기 · 채완, 2005:116-117).

2.1.2. 의미의 확대

어떤 단어의 의미가 변화하여 원래의 범위보다 넓어지는 경우가 있는데 이를 의미의 확대라고 한다.

중세 국어의 '온'은 [百]의 뜻을 가졌고, 한자어 '百'과 동의관계에 있었다. 근대 국어에서 '온'은 ① [百]과 ② [全]의 뜻으로 쓰였다. 현대어의 '온'은 [全]의 뜻으로 쓰인다. 중세 국어의 '졈다'는 [幼]의 뜻이었다. 근대 국어에서 '졈다'는 ① [幼]와 ② [少年]의 뜻을 가졌다. 현대어의 '젊다'는 [年少]의 뜻으로 쓰이고 있다(김종택·남성우, 1997, 259-260).

2.2. '교회'와 '성전'의 의미변화

'교회'와 '성전' 역시 의미 변화를 겪어왔다. 그 결과 오늘날에 와서 '예배당'과 동의 관계를 유지하게 되었다.

2.2.1. 교회

광야교회(행 7:38)부터 오늘에 이르기까지 '교회'의 중심 의미는 '집단'이지만 기독교가 전래된 이래 한국 교회에서는 '교회'에 건물의 의미를 부여해서 사용해 왔다.

'정식으로 서양 선교사가 들어오고 기독교가 전파되던 초창기에는 교인들의 가정집을 그대로 교회로 사용하는 일들이 많았다'(박숙희·유동숙, 1995:114)는 표현을 비롯하여 장로교 헌법에서는 '교회'에 건물의 의미를 공식적으로 부여한 표현을 사용했다(대한예수교장로회헌법, 1963:46).

(2) 예수를 信仰한다 公言하는 者들과 그 子女들이 一定한 場所에서
그 願대로 合心하여 하나님을 敬拜하며 聖潔하게 生活하고 예수
의 나라를 擴張하기 爲하여 聖經에 敎訓한 模範대로 聯合하여 特
別히 酌定한 바 政治를 服從하며 時間을 定하여 共同禮拜로 會集
하면 此를 支敎會라 하느니라.(大韓예수敎長老會憲法 第二章 四
條)[4]

위의 헌법 조문을 살펴보건대 지교회의 요소는 교인, 일정한
장소(건물), 예배이다. 이중에 하나만 빠져도 온전한 지교회는
성립되지 않는다. 따라서 건물이 교회 자체는 아니지만 교회를
이루는 필수요소가 된다.

어느 곳에 '교회가 세워졌다'고 하는 말은 일차적으로 예배드
릴 건물이 지어졌다는 뜻으로 통한다. 또는 어느 건물에서 사람
들이 모여 예배 행위를 한다는 뜻을 포함하게 된다. '교회'가 장
소나 건물과 직접적인 연관을 가지기 때문이다. 이는 '교회'의 원
뜻인 '신자들의 집단(모임)'에, 그 모임과 관련된 '건물'의 의미
가 부여됨으로써 나타난 결과이다. 즉 의미가 확대된 것이다.

---

4) 이 헌법조문은 한국 장로교회가 분리되기 전인 1930년에 초판이 발행되고 1963년도에 발
행된 14판에서 인용한 것이다.

이러한 현상은 모든 생명체가 생로병사의 과정을 겪는 것과 마찬가지 이치에서 비롯된다. 인간과 함께, 인간에 의해 사용되는 언어 역시 생로병사의 과정을 거치는 동안 의미의 변화가 발생하는 것이다(박영순, 2010:23). 그 한 가지 예로 '아낙'이라는 말을 들 수 있다. '아낙'의 본래 어형은 '안악'이며 그 뜻은 '남의 집 부녀가 거처하는 곳'이다. 그런데 이 단어가 장소적 의미에만 머물지 않고 그 장소에 거주하는 사람, 즉 '부녀자'라는 의미가 더해졌다. 장소적 의미가 그 장소와 관련된 사람을 뜻하게 된 경우이다(조항범, 1997: 102).

앞에서 언어는 공시적으로 사회성을 가지면서 통시적으로 꾸준히 변화하는데, 언어의 통시적 변화를 언어변화라고 한다는 사실을 언급했다. 통시언어학은 시간의 흐름을 따라 변화하는 언어의 모습을 기술하는 분야이다. 따라서 통시언어학은 언어의 역사적 발전단계를 기술한다(成百仁 · 金絃權, 1994:22). 그러므로 공시적 관점에 집착한다면 언어의 변화를 제대로 관찰할 수 없다.

기독교가 한국에 전래된 이래 '교회'라는 용어는 ① 신자들의 모임 ② (기독교인들의)예배를 위한 건물 등의 뜻을 가진 다의어로서 성전, 예배당 등과 동의관계를 가진 말로 사용되고 있다. 따라서 거의 모든 국어사전과 백과사전에서 교회와 예배당을 같은 뜻으로 풀이했다.[5] 사전은 언중들이 어휘들의 의미를 이해하고 분석하기 위하여 필요불가결한 것이고, 주어진 단어의미를 밝혀 주는 가장 권위 있는 안내서이다(박영순, 2010:43). 그러므로 어휘의 뜻을 밝히기 위해서 사전을 찾아보는 것은 필수적인 것이다.

2.2.2. 성전

'성전'의 중심의미는 '건물'이다. 구약시대의 솔로몬 성전에서 신약시대의 헤롯 성전을 거쳐 현대에 이르기까지 성전의 의미가 '건물'이라는 사실에는 변함이 없다. 다만 예수 그리스도의 몸과 성도의 몸을 성전이라고 한 것은 비유적인 표현이라는 사실에

---

5) 몇몇 국어사전과 백과사전의 풀이를 들어보면 다음과 같다.
 ① 기독교 낱말 큰사전(한국문서선교회, 1999)
  교회(church, 敎會)→종교 단체의 모임. 예배당.
 ② 표준국어대사전(국립국어원, 2010)
  교회→ 예수 그리스도를 주(主)로 고백하고 따르는 신자들의 공동체. 또는 그 장소. 늑교회당·성전08(聖殿)
 ③ 우리말돋움사전(동아출판사, 1995)
  교회(教會)→ 어떤 종교, 특히 기독교의 교의를 가르치고 펴며, 또 예배나 미사를 보기위한 건물, 또는 그 조직.
 ④ 神學事典(韓國改革主義信行協會, 1981)
  교회→ 일정한 지역의 지교회나 기독교 전체 혹은 신자들이 예배를 위해 회집하는 건물.
 ⑤ 동아원색 세계대백과사전(동아출판사, 1982)
  교회(教會)→ 그리스도교에 있어서의 신앙의 공동체. 넓은 뜻으로 사용될 때는 같은 종교를 믿는 신자의 집단 또는 집회소를 뜻한다.
 ⑥ 브리태니커(브리태니커·동아일보 공동출판, 1997)
  교회(church, 敎會)→ 건축에서 그리스도교인들이 예배를 드리기 위해 만든 건물.

무게를 두고 생각해야 한다. 그렇지 않으면 의미변화의 차원에서 이해해야 한다. 즉 성전에서의 모임의 정신과 가치들이 -예를 들면 구약의 희생제사가 예수 그리스도의 희생으로 그 개념이 확장된 것 등- 교회로 이어져 왔다고 볼 수 있다. 이러한 점에서 초기 교회의 예배도 구약시대의 성전에서의 제사의 정신을 이어받은 점이 있다고 볼 수 있으며, 성전은 교회와 완전히 단절된 것이 아니라, 개념의 소멸의 측면(건물이나 장소의 중요성)과 확장(구약의 제사의 의미가 영적으로 더 확장됨)의 양면을 갖고 있다고 할 수 있을 것이다(신현수, 2009:141).

흔히들 성전은 신약시대 이후 건물로서는 존재하지 않는다고 말한다. 그러나 오늘날 존재하지 않는 것은 '성소(지성소)'로서의 성전일 뿐이다.

『개역성경(신약)』에서 '성전'이라는 말이 모두 94회 나타난다. 그런데 헬라어 원문에는 세 종류의 단어가 쓰였다. 'ἱερόν(히에론), ναός(나오스), οικος(오이코스)'가 그것인바 'ἱερόν'은 '성전, 성전의 전체 경내'의 뜻을 가진 말로서 65회 쓰였고, 'ναός'는 '사찰, 사당 ※지성소 자체 지시'의 뜻으로서 28회, 그리고 'οικος'는 '거주, 일가족, 집, 신전'의 뜻을 가진 말로서 1회 쓰였다(완벽성경성구대전3, 1982). 우리말로는 '성전'으로 번역했을지라도 원문에서는 건물로서의 성전(ἱερόν, οικος)과 장소 혹은 위치(지성소)로서의 성전(ναός)을 구별하여 표현한 것이다.

〈고린도전서 6장 19절〉에는 '성도의 몸'이 성전이라고 번역했다. 이에 근거해서 한국교회에서는 '성전'하면 으레 '성도의 몸'을 연상할 뿐 아니라 '성전은 건물이 아니고 성도의 몸'이라고 주장한다. 그러나 〈고린도전서 6장 19절〉에 쓰인 '성전'은 성경원어 'ναός'로서 건물이 아닌 '장소 혹은 위치(성소 및 지성소)'에 무게가 실린 말이다.

그러므로 굳이 '성전'이 건물의 개념이냐 아니냐를 따지고자 한다면 'ἱερόν(히에론= 건물)'과 'ναός(나오스= 장소)'를 각각 비교해서 고찰해야 한다. 따라서 〈고린도전서 6장 19절〉은 'ναός'로 표현했기 때문에 건물의 개념인 '성령의 전'으로 번역할 것이 아니라 장소의 개념인 '성소'혹은 '성령의 좌소(座所)' 정도로 번역해야 오해의 소지를 없애게 된다.

'성전(聖殿)'을 글자 그대로 해석하면 '구별된 건물'이라는 뜻이다. 따라서 '성전'은, 건물은 건물이로되 하나님께 예배하며 섬기며 교육이 시행되는 '구별된 건물'이라는 뜻이 된다. 그렇다면 예배당은 어떤가? 역시 하나님께 예배하며 섬기며 교육하는 '구별된 건물'이다. 하나님의 구별된 백성인 '성도'들이 모여서 예배하는 건물이기에 '성전'인 것이다. 예배당을 지어놓고 하나님께 봉헌하는 것은 예배당이야말로 성전, 즉 구별된 건물임을 만방에 선포하는 예식인 것이다. 결국 성전과 예배당은 같은 뜻이 되는 것이다. 이와 같은 이유로 사전에서 '성전'과 '예배당'을 동의관

계에 있는 말로 풀이해 놓았다.[6]

3. 옳은 주장은?

아무리 '성전'은 건물이 아니라고 해도 많은 사람들이 예배당을 성전이라고 하는 이유는 위에서 살펴본 것과 같은 이론이 배경에 깔려 있기 때문이다. '교회'가 '예배당'과 동의관계에 있는 말로 쓰이는 것도 마찬가지 이유에서 비롯된 것이다.

그러므로 '유형적 성전은 없다'거나 '예배당을 성전이라고 하는 것은 잘못'이라는 주장 및 '교회는 건물이 아니다' 등의 주장은 옳지 않다.

이와 같은 주장이 난무하는 것은 '교회'나 '성전' 등이 동의관계에 있는 단어이며 다의성을 가진 단어라는 사실에 대한 이해가 부족하기 때문이다.[7]

---

6) 국어사전뿐 아니라 신학사전에서도 '성전'을 건물의 뜻으로 풀이했다.
   ① 표준국어대사전, 국립국어원, 2011.
      성전08(聖殿)〔성: -〕→「명사」「1」신성한 전당.「2」『기독교』=교회02.「3」『가톨릭』=성당03(聖堂)「1」.
   ② 【우리말돋움사전】동아출판사, 1995.
      성:전(聖殿) → ①신성한 전당 ②[가톨릭의] 성당 ③[개신교의] 예배당
   ③ 神學事典, 韓國改革主義信行協會編, 1981.
      성전(聖殿) 〔영〕 Temple → ①성전은 하나님께 예배하는 집이다.
7) 하나의 단어가 둘 이상의 의미를 갖게 되는 것은 인간 언어가 가지고 있는 특성 가운데 하나인데, 이러한 언어적 현상을 다의성이라 한다. 그리고 그러한 성질을 가진 단어를 다의어라고 한다.(윤평현:170). 다의성과 상대적인 개념, 곧 하나의 단어에 하나의 의미로 결합된 것

만약 '교회는 건물이 아니다'라는 주장을 전제로 하지 않은 상태에서라면 '교회는 하나님의 부르심을 받은 단체'라는 설명에 이의를 달 사람은 아무도 없다.

그러나 교회에 대해서 아무리 명쾌하게 설명했다 하더라도 '교회는 건물이 아니다'라는 주장이 포함된다면 그것은 올바른 설명이 되지 못한다.

특히 '성전'이라는 말은 그 자체가 '건물'을 뜻하는 용어인데 그것을 건물이 아니라고 하면 그건 억지 주장이 되는 것이다.

'성전'으로 번역된 'ναός(나오스)'는 건물 개념이 아닌 장소적 개념을 가진 말이다. 따라서 'ναός(나오스)'는 건물로서의 성전을 나타내는 'ἱερόν(히에론)'의 하위개념이라는 사실도 간과해서는 안 될 것이다.

차라리 '유형적 성전은 없다, 예배당을 성전이라고 하는 것은 잘못이다' 대신 '유형적 성소는 없다, 예배당을 성소라고 하는 것은 잘못이다'라고 한다면 옳은 주장이 될 것이다.

을 단의성이라 하며, 이러한 성질을 가진 단어를 단의어라고 한다. 단의어는 전문어를 제외한 일상적인 자연언어에서는 거의 없는 것으로 간주한다(윤평현:425).

2

'하나님'인가, '하느님'인가

....

1. '하느님'이라는 표현은 '하늘+님'에서 'ㄹ'이 탈락한 형태이다.
   그런데 이 명칭은 '하늘'과 '하나'를 아우르는 힘이 약할 뿐 아
   니라 범신론적인 의미 때문에 창조주의 명칭으로서는 합당치
   않다는 이유로 새로운 말을 찾기 시작했다.

2. '하느님' 대용으로 찾아낸 말이 '하나님'인데, '하나님'은 유
   일신을 나타내는 데는 적합하지만 우리 어법상 불합리하다는
   이유로 논란의 대상이 되었다.

3. 본 연구에서는 새로운 해석을 가했다. '하나님'에서 '하나' 를
   수사가 아닌 '하늘+하나'의 복합어로 보는 것이다.
   역사적 '하나님'의 표기는 '하ᄂ님'이다. 우리 옛말에서 '하ᄂ'
   는 '하늘'에서 'ㄹ'이 탈락한 형태이며 'ᄒ나'는 오늘날 숫자
   '하나'를 뜻한다. 따라서 '하나님'은 '하ᄂ+ᄒ나+님'의 축약어
   가 되는 것이다.

....

'하느님'과 '하나님'이라는 말이 한국 교회에서 쓰이기 시작한 지도 벌써 100년이 넘었다. 그런데 이 용어에 대한 논란은 아직도 끝이 나지 않은 상태이다. 개신교에서는 주로 '하나님'을 고수하고 있지만 천주교와 일부 개신교 교회에서는 '하느님'으로 지칭 및 호칭하고 있으며 서로의 정당성에 대한 주장만 난무할 뿐 원만한 이해나 타협점을 찾지 못하고 있는 실정이다.[8]

---

8) '하나님'과 '하느님'에 대한 논쟁이 가장 치열했던 때는 『공동번역성경』이 출간된 시기였다. 당시 상황을 『동아일보』가 취재했던 바, 그 전문을 여기 옮겨 보면 아래와 같다(동아일보 1980년 07월 22일자 기사).

스케치
基督敎의 神은 「하나님」인가 「하느님」인가
「基督敎思想」誌에 두 갈래 論爭

○ "기독교의 神은 「하나님」인가 「하느님」인가" 지난 77년 新舊敎공동번역성서가 기독교의 神 「야훼」를 「하느님」으로 번역한 후 카톨릭은 본래부터 「하느님」을 주장했기 때문에 내부적인 異見이 거의 없으나 개신교는 교파에 따라 是非가 계속되고 있다. 최근에는 기독교전문지 「基督敎思想」7,8호가 이 문제로 성직자 신학자 3명의 논쟁을 게재해 기독교 전체의 화제가 되고 있다.
○ 우선 7월호에는 「하나님」을 옹호하는 권호근 씨(聖公會서울신도회장)의 글과 「하느님」을 주장하는 박찬욱 씨(聖公會신학원생)의 글을 나란히 게재. 권씨는 「하나님」이어야 하는 근거로 본래의 표기인 「하ᄂᆞ님」의 발음과 같으며 「하느님」은 「하늘님」에서 「ㄹ」받침이 탈락한 것으로 기독교의 신이 大倧敎의 「한얼님」 天道敎의 「한울님」 등 범신론과 혼동된다는 것이다. 또 「하나님」은 「하나(一)」라는 수사에 「님」이 붙은 것이기 때문에 수사를 추앙할 수는 없다고 주장하나 훈민정음은 「하ᄂᆞ님」은 분명히 「하늘」(天)이란 뜻을 가진 것으로 어떻게 같은 발음인 「하나님」이 되면 「하늘」이라는 뜻이 없어지느냐고 반문.
○ 이에 대해 朴씨는 같은 기독교인의 神이면서 「天主」 「하나님」 「하느님」 등 교파에 따라 멋대

그러나 이러한 용어 문제로 언제까지 소모적인 논쟁만 계속할 수는 없다. 그뿐만 아니라 이제는 어떤 모양으로든 매듭을 지어야 할 때가 되었다고 생각한다.

선교 사업의 진행에 있어서 가장 먼저 요구되는 것은 성서 및 찬송가의 역간과 함께 교리서 및 전도문서의 편간이라 하겠다. 프로테스탄트 교회는 성서를 중심한 교단이기 때문에 언제나 선교사들이 들어가 가장 먼저 해야 할 일은 성서를 번역하여 보급시키는 과업이었다(金光洙, 1979:113).

성서 번역을 진행하면서 가장 어려웠던 문제 가운데 하나가 용어의 취급이었다. 사상적 개념적으로, 유달리 서양인과 다른 문화와 전통과 종교 속에서 자란 한국인의 언어를 가지고 기독교가 내포하는 사상을 찾아내기란 쉬운 일이 아니었기 때문이었다. 그 중에서 '하나님'의 칭호가 가장 어려웠다(金光洙, 1979:116).

로 부르는 것은 止揚해야 한다는 전제 아래 국어학의 이론을 도입해 「하느님」의 타당성을 주장. 국어학 이론이란 「하느(一)/하나(一)」의 하나님을 채택하고 「하눌(天)님/하느님」의 이론을 77년 이전에는 채택하지 않았다는 것이다. 즉 「하나님」은 「하나」 「둘」 등 수사를 섬기는 꼴이라는 정반대의 해석이다. 또 이같은 발음은 「아돌」(아들)을 「아달」이라고 부른 西北 방언의 영향이 짙은 것으로 표준말의 개념과도 상치되기 때문에 「하느님」이 맞다는 의견을 제시.

○ 이같은 양자의 의견에 대해 李章植 교수(韓國神學大)는 8월호에 게재된 「하나님 칭호의 신학적 근거」라는 글을 통해 국어학적으로는 「하느님」이 좋을지 몰라도 신학적으로는 기존의 韓國 땅에 있는 신들과 혼동될 우려가 있다며 「하나님」을 옹호. 또 국어학에서 이론이 바뀌어 「하느님」이 「하나님」으로 변경해야 한다면 또 神名을 바꿀 것이냐고 반문. 대부분의 개신교에서 공동번역 성경과 관계없이 「하나님」이라 호칭하므로 국어학의 이론에 기독교가 따를 필요 없이 「하나님」으로 해야 한다고 강조했다.

창조주께서 '하늘에 계신 존재'라는 사실은 중요하지 않을 수도 있다. 하나님의 무소부재성(無所不在性)이 강조되기 때문이다. 그러나 유일신 사상은 기독교에서 생명과 같다. 따라서 창조주를 일컫는 용어에 유일신 개념을 포함시키기 위해 심혈을 기울이는 것은 지극히 당연한 일이라 하겠다.

1. 하느님과 하나님

'하느님'과 '하나님' 각 용어의 당위성과 문제점에 대한 논란은 끊임없이 제기되어 왔으며, 지금도 제기되고 있는 바 그 주장들을 열거해 보면 다음과 같다.

1.1. 하느님

'하느님'이 처음 쓰인 곳은 우리나라 최초의 국역성경인 『누가복음』이다. 누가복음의 첫 번째 인쇄가 끝나자 백홍준과 김청송은 서간도에 수십 권의 한글 복음서를 배포하여 많은 신자를 얻었다. 이역만리에서 날마다 고국을 그리는 생활을 보내고 있는 사람들로서는 모국의 글로 된 책을 손에 들게 되자 눈물이 먼저 앞을 가리었던 것이다(金光洙, 1976:266).

최초의 국역성경인 『누가복음』은 『요한복음』과 함께 1882년

가을 심양(瀋陽) 문광서원의 이름으로 간행되었다. 한국 선교역사에 있어서 특징적인 것은 선교사가 입국하기 전에 국외에서 성경이 번역 출판되었다는 점이다. 그런데 이 책에서는 '하느님'과 '하나님'이 동시에 쓰였다. 그럼에도 용어에 대한 논란은 발생하지 않았다. 그것은 근대국어에서 아래아 즉 'ㆍ'의 발음이 규칙적이지 않았기 때문이었다.

1.1.1. '하느님'의 당위성

'하느님' 표기의 정당성을 주장하는 이들은 그 당위성으로 '문법에 합당함'을 내세운다.

고종석은 한겨레신문(1988. 11. 17. 18면)에 발표한 에세이를 통해 '하느님'이 옳음을 주장했다. 그 요지는 우리말에서 '하나', '둘', '셋' 같은 수사가 존칭접미사 '님'과 어울리는 것이 아주 부자연스럽다는 것이었다.[9]

---

9) 말 할 나위 없이 '하나님, 하느님' 둘 가운데 옳은 말은 '하느님'이다. 개신교 쪽에서 '하나님'을 고집하며 내세우는 가장 커다란 논거는 그들의 신이 유일신, 곧 하나밖에 없는 신이어서, 우리말의 수사 '하나'에 존칭접미사 '님'을 덧붙여 이 유일신을 지칭하게 됐다는 것이다. 우리 말에서 '하나', '둘', '셋' 같은 수사가 존칭접미사 '님'과 어울리는 것이 아주 부자연스럽다는 지적은 이들에게 별로 먹혀들지 않는다. 사실 '하나 밖에 없는 분'이어서 '하나님'이라는 해석은, 독실한 신자에게는 매력적으로 들리기까지 한다. 그러나 마땅히 '하느님'이 되셔야 할 분이 '하나님'이 된 것은, 우리말 모음체계에서 '아래아', 곧 'ㆍ'가 불안정해지며 빚어진 삽화에 지나지 않는다.

조항범(1997:121)은 '하느님'은 역사적으로 '하ᄂᆞ님'으로 소급되고, '하ᄂᆞ님'은 '하ᄂᆞᆯ님'으로 소급된다는 전제 하에 '하ᄂᆞᆯ님'은 '天'을 뜻하는 '하ᄂᆞᆯ'에 존칭접미사 '-님'이 결합된 어형이며, '하ᄂᆞᆯ님'의 제2음절 끝소리 'ㄹ'이 탈락한 어형이 '하ᄂᆞ님'인데 기독교에서 쓰는 '하느님'이라는 단어는 우리의 전통적인 종교 용어인 '하ᄂᆞ님'을 그대로 수용한 것이라고 했다.

　　그리고 심재기(1998:131~132)는 그리스도교의 총본산이며 맏형인 천주교회가 백년이나 나중에 들어온 개신교로부터 용어상의 영향을 받는다는 것은 분명 역사의 아이러니가 아닐 수 없다는 것을 전제로 한 후, '하나님'이란 발음과 표기의 부당성에 대하여 다음의 세 가지로 지적했다.

　　첫째, '하느님'은 "하늘에 계신 님"으로서 우주 만상의 주인이시며 그 창제자이시고 우리의 아버지라는 개념이 담긴 낱말이어야 한다는 것 그래서 '하늘+님'으로 만든 낱말이며 이것이 'ㄹ'이 탈락하여 '하느님'이 되었다는 것.

　　둘째, '하늘'의 옛말은 '하ᄂᆞᆯ'이었고, 여기에서 제2음절의 'ㆍ'는 'ㅡ'으로 바뀐 것이 우리말의 일반적인 현상이었다는 것. '말ᄊᆞᆷ'이 '말씀'이 되고, '아ᄃᆞᆯ'이 '아들'로 바뀐 것과 같다는 것.

　　셋째, 하느님이 유일신앙을 나타내기 위하여 '하나+님'으로 생각할 수 있다는 주장은, '하나, 둘, 셋' 같은 수사가 인격을 나타내는경우 접미사 '님'과 결합할 수 없으므로 잘못된 견해요, 잘못된 어법이라는 것.

1.1.2. '하나님'의 문제점

'하느님'의 당위성을 주장하는 이들이 지적한 '하나님'에 대한 문제점으로는 다음과 같은 내용들이 제기된다.

2.1.2.1. 조항범(1997:120~121)에서는 "'하나님'이라는 단어는 개신교에서 '기독교를 받드는 유일신'으로 이해하고 있다. '하나님'의 '하나'를 '유일'이라는 의미의 그것으로 해석한 결과이다. 그러나 '하나님'은 '하나'에 '-님'이 결합되어 만들어진 단어가 아니라 '하느님'의 또 다른 형태(또는 사투리)에 불과하다. '하느님'에 대한 '하나님'이 출현하게 된 것은 표기법적인 오류와 무관하지 않다. 잘 알다시피 성경이 우리말로 번역되던 19세기 말에는 우리말 표기법이 정비되어 있지 않아 통일된 표기가 어려웠다. 그리고 성경 번역자인 서양 선교사들이 서울말을 잘 알고 있지 못하였으며 또 그들은 우리말 표기에 대한 안목도 없었다. 이러한 상황 속에서, 성경에 자주 나오는 '天主'라는 단어도 그 외국인 번역자에 따라 '하느님' 이외에 '하ᄂ님', '하누님', '하나님', '한울님' 등의 여러 형태로 표기될 수밖에 없었던 것이다."라고 지적했다.[10]

---

10) 그러나 변이주에 따르면 초기 선교사들이 우리말에 서툰 것은 사실이지만 서툰 만치 표기법에 신중을 기한 흔적이 보인다. 그것은 국어정서법을 기준으로 하여 오류를 분석한 결과 구역성경(1911):개역성경(1956):개정성경(1998)의 오류 비율이 159:74:25로 나타난 것으로 보아 넉넉히 짐작할 수 있다.

2.1.2.2. 심재기(1998:132)에서는 "실질적인 문제는 많은 가톨릭 신자들이 무의식적으로 '하느님'을 '하나님'으로 발음하는 데 있다. 즉 표기의 문제가 아니라 발음의 문제라 하겠다. 신부님이나 교회 지도자들이 기회 있을 때마다 잘못 발음하는 것을 지적하고 교정시켜 주는 방법 이외에 다른 방법이 없는 것 같다."고 지적했다.

1.2. 하나님

'하나님'이라는 칭호가 만들어지기까지의 과정에 대해서 金光洙는 "하나님이란 말 한 마디를 정하기 위해 번역위원들은 여러 해 동안 숱한 시간에 걸쳐 고심하였고 아주 광범위하게 많은 사람의 토론과 의견을 종합하여 드디어 성령의 인도함을 따라 이 귀중한 '하나님'의 칭호를 축복으로 얻은 것이다."라고 피력한 바 있다.[11]

---

11) 신(神), 상주(上主), 상제(上帝), 천제(天帝), 하느님, 하늘님 등등의 여러 가지 낱말이 제시되었다. 문제는 그 어느 칭호가 히브리어의 '엘로힘'과 헬라어의 '데우스'에 해당하며 기독교 신관(神觀)을 분명하게 밝힐 수 있는가에 있다. 신이란 말은 너무 내용 범위가 넓고 잡신과도 혼동될 염려가 있었다. 상제나 천제는 통치자란 의미는 있지만 윤리적, 종교적인 근원이 포함되어 있지 않은 것 같았다. 상주는 지배자의 느낌은 있으나 도저히 예배의 대상이 되는 것 같지는 않았다. 사랑과 자비의 속성이 없어 보였기 때문이다. 그래서 '하늘님'이라고 불러 보았으나 이는 하늘(Heaven)과 님의 존칭을 모아서 만든 것으로 뒤에 하느님이되었는데 상당히 기독교적인 개념에 접근하고 있으면서도 범신적(汎神的) 경향이 엿보이는 것 같아 유일(唯一)하다는 개념이 희박해 보였다. 그러다가 마침내 마펫(S.A. Moffett)박사의 주장을 따라 '하나님'이라고 고정하고 보니 하나님은 '하나(one)의 님, 곧 유일하시고 인격적이신 분으로 나타나 아주 적합한 느낌이 들었다. 하나님이란 말 한마디를 정하기 위

1.2.1. '하나님'의 당위성

'하나님'으로 표기해야 한다고 주장하는 이들이 한결같이 내세우는 당위성은 하나님은 '유일하신 존재'라는 것이다.

창조주의 유일성은 기독교에서 생명과 같은 것이라고 앞에서 언급했다. 따라서 창조주의 유일성은 아무리 강조해도 지나치지 않다. 기독교 보수진영에서 어떻게든 '하나님' 용어를 사수하려는 이유가 여기에 있다.

2.2.1.1. 韓蘇顯이라는 독자가 1980년 3월 31일 자 동아일보에 투고한 글 중에는 아래와 같은 내용이 들어 있다.

(2) 1979년 고 朴대통령의 국장에서 金壽煥 추기경의 祈求는 '하나님'이었다. 그와 때를 같이 하여 나온 천주교의 부고도 '하나님' 이었다. …… 민족에 따라 헤일 수 없는 神들이 있지만 인간과 우주만물을 창조하신 神이 둘이 될 수 없는 하나이고 그것이 바로 '하나님'이시다. 따라서 한민족이 표현하는 '하나님'은 다신론적이 아닌 유일신의 표현이므로 그것은 가장 잘 된 말이라고 본다.

해 번역위원들은 여러 해 동안 숱한 시간에 걸쳐 고심하였고 아주 광범위하게 많은 사람의 토론과 의견을 종합하여 드디어 성령의 인도함을 따라 이 귀중한 '하나님'의 칭호를 축복으로 얻은 것이다(金光洙, 1979:116).

2.2.1.2. 서헌제 교수는 한국기독공보 제 2972호(2014. 12.9)에 기고한 글에서 '하나님'의 당위성을 다음과 같이 피력했다.

(3) '하나님'이라는 칭호는 디모데전서 6장 15~16절에서 사도바울의 고백처럼, 눈으로는 볼 수 없지만 땅의 창조주 되시며, 모든 것의 주권자 되시며, 홀로 한분이시며, 전능하시며, 영원히 계신 분이라는 의미이다. 이에 비해 '하느님'이라는 칭호는 하나님이 창조하신 피조물이며, 가시적인 '하늘'과 연관된 개념으로서 성경에서 가르치는 하나님과는 거리가 멀다.

1.2.2. '하느님'의 문제점

'하나님'의 당위성을 주장하는 이들이 지적한 '하느님'에 대한 문제점으로는 다음과 같은 내용들이 제기된다.

첫째, '하느님'이 기독교의 신(神)개념을 제대로 나타낼 수 없다는 것. '하느님'은 범신론적인 의미를 가진 것으로 기독교에서 신봉하는 유일신 하나님을 나타내기에는 무언가 미흡하다는 점.

둘째, '하느님'은 기독교에서 말하는 '하나님의 선민'에 대한 역사(役事)와, '그리스도를 통한 속죄'의 역사와는 무관한 점.

2. 하늘에 계시는 유일한 존재

앞에서 살펴본 바와 같이 '하느님'이 어휘적으로는 정확한 말이지만 신학적인 측면을 충족시키지 못하는가 하면, '하나님'은 신학적 측면의 충족도는 '하느님'보다 낮다하겠으나 어휘적인 측면에서 취약성을 보이고 있다. '하느님'이 됐든 '하나님'이 됐든 혹은 다른 명칭이 됐든 가장 이상적인 기독교 창조주의 명칭은 '하늘에 계시는 존재'와 '유일한 존재'라는 두 명제를 모두 충족시켜야 한다는 것이다.

성경은 창조주께서 '하늘에 계시는 존재'라는 사실을 매우 강조한다. 〈창 24:3〉에는 '하늘의 하나님', 〈왕상 8:30〉에는 '주의 계신 곳 하늘에서 들으시고', 〈에스라 5:12〉에는 '하늘에 계신 하나님' 등으로 표현하여 창조주께서 하늘에 계시는 존재임을 강조했다.[12] 그런가하면 창조주께서 '유일한 신'이심을 나타내는 성경구절은 이사야 45장 5절의 '나는 여호와라 나 밖에 다른 신이 없느니라'고 한 것을 비롯해서 '나 외에 다른 신이 없느니라'(사 45:6,18,21,22, 46:9, 47:8,10, 요엘 2:27, 습2:15), '하나님은 한

---

12) 창조주께서 '하늘에 계신 존재'임을 강조한 성경 구절은 창 24:3, 왕상 8:30, 에스라 5:12 외에도 창24:7, 왕상 8:32,34,36,39,43,45,49, 대하 6:21,23,25,27,30,35, 7:14, 20:6, 30:27, 36:23, 에스더 1:2,5:12, 6:9,10, 7:12,21,23, 느 1:4,5, 2:4,20, 9:27,28, 욥 16:19, 22:12, 시 2:4, 11:14, 14:2, 20:6, 33:13, 53:2, 123:1, 전 5:2, 애 3:41, 단 2:18,19,28, 마 5:16,45,48, 6:1,9, 7:11,21, 10:32,33, 12:50, 16:17, 18:10,14,19, 23:19, 막 11:25, 계 16:11 등이 있다.

분이요 그 외에 다른 이가 없느니라'(막 12:32) 등 여러 곳에서 강조하고 있다.[13]

'하느님'으로 표기하든 '하나님'으로 표기하든 사람들은 이 두 낱말 속에서 창조주께서 하늘에 계시는 존재임을 연상한다. 그러므로 성경이 아닌 성경관련문서에서 창조주께서 하늘에 계시는 존재임을 특별히 강조한 바는 별로 없다. 그러나 창조주께서 유일한 존재라는 사실은 성경관련 문서에서 힘써 강조하고 있다. 그 대표적인 예로 「장로교 신조」 2항에 '하나님은 한 분뿐이시니 오직 그만 경배할 것이다'(헌법, 1976:17)라고 한 것을 비롯하여 '하나님은 오직 한 분뿐이시니 살아계시고 참되신 하나님이시다'(대요리문답, 1969: 91), '하나님은 한 분뿐이시니 참되시며 살아계신 하나님이시다'(소요리문답, 1979: 2)라고 하여 하나님의 유일성을 강조했다.

그런가하면 「웨스트민스터신앙고백」 제2장에도 '하나님은 오직 한 분이신데 살아계시고 참되신 하나님이시다'(헌법, 2010: 27)라고 했고 이 외에 장로교에서는 목사 임직식이나 선교사 파송식 및 강도사 인허식 등의 행사 때에도 어김없이 '장로회 신조와 웨스트민스터 신앙고백서 및 대·소요리문답은 신·구약

---

13) 이외에도 요 8:41, 롬 3:30, 고전 8:4, 딤전 2:5, 약 2:19 등에서 하나님의 유일성을 강조하여 표현하고 있다.

성경이 교훈한 도리를 총괄한 것으로 알고 성실한 마음으로 받아 신종할 것'을 서약하는 절차를 빼놓지 않는다(표준예식서, 1999:70).

이런 기준에서 볼 때 '하느님'이나 '하나님'이나 모두 '하늘에 계시는' '유일한 존재'라는 두 가지 기준을 충족시키기에는 미흡하다는 것을 알 수 있다. 그렇다면 '하늘'과 '하나'를 아우를 수 있는 말을 찾아야 하는데 현실적으로 그런 말은 없다는 것이 문제인 것이다.

이에 본 연구자는 '하나님' 용어에 대한 새로운 이해를 통해 이 문제를 해결할 수 있다고 본다.

3. '하나님' 용어의 새로운 해석

우선 '하나님'이 '하나+님'의 파생어라는 주장에는 무리가 있다고 생각한다. 정길남도 '하나님'의 '하나'가 숫자로 본 '하나(一)'에서 온 현상으로 보기는 어렵다는 의견을 밝힌 바 있다.[14]

_____

14) 신약성서에서 우리말로 국역된 최초의 성서인 『누가복음』에서의 용어는 '하느님'인데, 『Ross Version』에서 '하나님'으로 改稱되고 나서 오직 유일神의 개념에서 계속 '하나님'만을 擇하고 있다. 그런데 조어과정에서 본 이 용어는 '하늘+님'에서 연유했다고 본다. 왜냐하면 'ㄴ' 앞에서 'ㄹ'탈락은 국어음운의 보편적 현상이다. 즉 '가을내'가 '가으내', '버들나무'가 '버드나무'가 된다. 따라서 어원에서 볼 때 'ᄒᆞ나(一)'에서 온 현상으로 보기는 곤란하다. 中世語가 만약 'ᄒᆞ나(一)'였다면 둘째 음절의 'ㆍ'가 'ㅏ' 나 'ㅗ'로 바뀌는 현상을 좇아 '하나'가 될 수 있겠으나 古語에서 '하나'를 지칭하는 語辭는 'ᄒᆞ나'이기 때문에 2개의 음운이

만약 '하나님'의 '하나'가 숫자로 본 '하나(一)'에서 취한 것이었다면 의당 'ᄒ나님'으로 표기했을 것이다.

우리나라 초기 기독교에서 유일신임을 강조하는 창조주의 명칭을 'ᄒ나님'이 아닌 '하ᄂ님'으로 표기한 원인으로 근대국어 표기법의 혼란을 지적할 수도 있을 것이다. 우리나라 근대국어의 표기법은 시대의 변화에 따른 음운변화, 문자체계상의 변화 그리고 표기상의 형태중심적 경향 확대 등의 새로운 사실에 대한 국가적 차원에서의 표기 기준이나 예시가 없었음은 말할 나위도 없으려니와 상당히 문란해지기까지 했다(安秉禧 · 許頲, 1995:19~20).

임진란 이후에 15세기 중엽 이래의 정서법의 전통은 큰 혼란을 경험하게 되었다. 이미 그 전통을 이어갈 수 없을 만큼 언어가 크게 변화되어 있었고, 또 임진란이란 대전란이 그러한 전통과의 단절을 가능케 했던 것이다. 그러나 정제되고 통일된 새로운 정서법이 다시 마련되지는 않았고 따라서 그 혼란상태가 17세기를 거쳐 18, 19세기에 내려올수록 더욱 심해졌으며 특히 평민문학의 대두에 의한 문자사용의 확대는 이런 혼란을 촉진하였던 것이다(이기문, 2012:203).

그렇더라도 '하ᄂ님'이 'ᄒ나님'의 오용일 가능성은 희박하다. 우리나라 최초의 신약성경 『신약젼셔(1911)』에는 숫자 '一'을 나

동시에 변했다고는 보이지 않는다(정길남, 1992: 21).

타내는 '흥나'가 140회 이상 쓰였다. 그런데 '하느'와 혼동하여 쓰인 경우는 단 한 차례도 없다. 이로 보아 우리나라 초대교회에서도 '흥나'와 '하느'는 철저히 구분하여 썼음을 알 수 있다.

또한 변이주(2014)의 연구 결과를 보더라도 우리나라 초기 기독교에서 성경 번역에 참여한 이들이 '흥나'와 '하느'를 구별하지 못할 만치 허술하지 않았다는 것을 알 수 있다.

金光洙(1979:116)가 언급한 것처럼 "히브리어의 '엘로힘'과 헬라어의 '데우스'에 해당하며 기독교 신관(神觀)을 분명하게 밝힐 수 있는 단어를 모색하면서 '신, 상제, 천제, 상주, 하늘님, 하느님' 등의 호칭들을 고려에 놓고 살펴보았지만 '유일하시고 인격적이신 분'을 표현할 말로는 적합하지 않다는 판명"을 내릴 만치 폭넓은 모색을 시도했다면 '흥나'의 의미와 '하느'의 의미에 대해서도 폭넓은 모색과 고려도 응당 있었으리라고 본다.

그럼에도 불구하고 '하나(一)'를 연상케 하는 '하나님'을 택한 데에는 나름대로 이유가 있다고 생각한다. 그것은 '하느님'의 '하느'를 '하나(一)'이상의 의미가 담긴 말로 보았을 것이라는 추론이 가능하다. 그러나 그것은 어디까지나 추측일 뿐 그에 대한 어떤 주장도 제기된 바 없으며 근거도 발견된 바 없다.

이에 본 연구자는 조어론에 근거해서 새로운 시각으로 이 문제를 조명해 보았다. 단어의 짜임새를 밝히는 것을 조어론이라고 하는 바 조어론 연구는 '분석을 중시하는 관점'과 '형성을 중시하는 관점'으로 나누어 볼 수 있다. 분석을 중시하는 관점의 연구는 이미 존재하는 단어를 분석하여 그 결과에 따라 단어를 단일어와 복합어로 나누고 복합어는 다시 합성어와 파생어로 나누는 연구가 포함된다(고영근·구본관, 2011: 199).[15] 이러한 시각으로 볼 때 '하나님'은 '하ᄂ+님' 혹은 'ᄒ나+님'의 구조가 아니라 '하+나+님'의 구조로 분석된다. 즉 '하나님'은 '하늘에 계신(하) 유일한(나) 분(님)'의 약자가 되는 것이다.

'大韓民國→韓國, 臨時政府→臨政, 韓國銀行→韓銀' 등의 예에서 보듯 약어를 만드는 힘은 한자어가 고유어보다 강하다. 그러나 근래에는 고유어에도 많이 전이되어 '불백(불고기 백반), 열냉(열무냉면), 우짜(우동과 짜장)' 등 음식 명칭에 많이 나타나고 있다. 이는 약어화했을 때 혼동의 염려가 없는 상황 맥락이 전제된 곳에서 시간과 노력의 절약에 큰 몫을 한다고 할 수 있다(임홍빈·장소원, 1995:191~192). 이렇게 긴 단어를 잘라서 약어형으로 만들어 쓰는 것을 절단현상이라고도 한다.

언어의 절단현상은 유추에 의해서도 가능하다. 유추(analogy)

---

15) 단어는 다음과 같이 구분된다(조규빈, 1991:127).
  1. 단일어: 하나의 실질 형태소로 이루어진 말. "예" 땅, 하늘, 메아리, 시나브로
  2. 복합어: 복합어는 파생어와 합성어로 구분된다.
    1) 파생어: 실질 형태소+형식 형태소. "예" 지붕, 맏아들, 치밀다, …
    2) 합성어: 실질 형태소+실질 형태소. "예" 집안, 소나무, 높푸르다, …

란 넓은 의미로 유사성에 기초한 추론(similarity based reasoning)이다. 단어 형성과 관련시켜 이해한다면, 유추적 단어 형성이란 화자에게 익숙한 기존 단어(들)에 기초해서 새로운 단어를 만들어내는 과정이다(채현식, 2000: 68).

(4)

ㄱ. 붓꽃: 붓처럼 생긴 꽃

ㄴ. 분꽃: 씨로 분을 만드는 꽃

ㄷ. 제비꽃: 제비가 올 때 피는 꽃

(4)에서 보듯 'N-꽃'의 합성명사의 경우, 합성명사 형성 규칙이라는 이름으로 두 명사로부터 전체의 의미 관계를 예측하는 것은 거의 불가능하다(채현식: 100). '붓꽃'의 '붓'은 '붓처럼 생긴'을, '분꽃'의 '분'은 '씨로 분을 만드는'을, '제비꽃'의 '제비'는 '제비가 올 때 피는'을 약어화 했기 때문이다. '하나님'이 '하늘에 계신 유일한 분'의 약자가 되는 이치도 이에 상응한다.

일반적으로 약어에서는 둘 혹은 그 이상의 낱말의 머릿글자를 취하는 것이 통례이지만 '하늘'과 'ᄒᆞ나'에서 머릿글자를 취하면 '하ᄒᆞ님'이 되어 '하'의 중복을 불러온다. 따라서 편의상 'ᄒᆞ나'에서는 '나'를 취한 것이다.

이러한 맥락에서 '하나님'을 '하늘에 계신 유일한 분'의 약자로 재구성하는 작업은 상당히 의미 있는 일이라 하겠다.

4. '하나님' 용어에 대한 새로운 이해

이상 '하나님' 용어에 대한 새로운 이해의 모색을 시도해 보았다. 주로 천주교 측에서 주장하는 '하느님'이 문법적으로는 아무 문제가 없다. 하지만 '유일신'을 나타내기에는 역부족이다.

반면 개신교 측에서 주장하는 '하나님'은 유일신을 나타내는 말로는 이상이 없다. 그러나 '하나'를 숫자 '一'로만 해석할 때 '하늘에 계신 존재'임을 나타내는 뜻은 포함하고 있지 않다. 그러므로 '하늘에 계신 존재'와 '유일신'을 아우르는 힘이 부족하기는 '하느님'이나 '하나님'이나 매일반이다.

이에 대한 해결책으로 '하나님' 용어에 대한 새로운 해석의 모색이 대안이 될 수 있음을 밝혀 보았다. '하나님'의 구조를 '하ᄂ+님' 혹은 'ᄒᆞ나+님'으로 보지 않고 '하+나+님'의 구조로 분석했다. 즉 '하나님'의 '하나'는 '하늘'에서 '하'를 취하고 'ᄒᆞ나'에서 '나'를 취한 약자의 조합으로 보는 것이다. 이렇게 되면 '하나'는 '하ᄂ(天)'나 'ᄒᆞ나(一)'가 아닌 '하ᄂ(天)+ᄒᆞ나(一)'의 복합어가 되는 것이다. 이로써 '하나님'은 '하늘에 계신 존재'와 '유일신'이라는 의미를 아우르는 말로 재탄생하게 되는 것이다.

3

죽으셨나, 돌아가셨나?

....

1. 예수 그리스도의 죽음을 차별화한다는 명분을 들어 '죽으시다'는 표현을 쓰지만 우리 어법상 '죽으시-'라는 어형은 없다.

2. '죽으시-'라는 어형이 쓰이는 경우가 있는데 '아버님은 풀이 죽으셨다'든가 '할아버님은 기가 죽으셨다' 등 목숨이 끊어지는 것과 상관없이 쓰인다.

3. '예수님께서 십자가에서 죽으셨다'는 표현은 예수께서 목숨이 끊어지신 것이 아니라 기절 내지 졸도하셨다는 의미가 된다. 따라서 이단들의 졸도설에 힘을 실어주는 꼴이 된다.

4. 한국 교회가 '죽으시다'는 표현을 계속하여 사용할 경우 한국 교회는 전체가 이단으로 전락할 수도 있음에 주의해야 한다.

5. 아무리 오래된 습관을 고치기가 힘들다 하더라도 '죽으시다'는 표현은 당장에 고쳐 써야 한다.

....

한국의 기독교가 국어에 끼친 영향은 실로 지대하다고 할 수 있다. 춘원 이광수 선생은 '한글도 글이라는 생각을 조선인에게 준 것은 실로 야소교외다' 하는 말로(이광수, 1971:19), 최남선은 기독교가 '국어, 국문에 새로운 생명과 가치를 갖게 해준 것은 진실로 영원한 감사를 받을 일'이라는 말로(최남선, 1974:220) 기독교가 국어에 미친 영향을 높이 평가했다.

　특히 개화기 우리말로 번역된 성서는 국어학적인 면에서 간과할 수 없는 중요성을 지니고 있는데(정길남, 1992:173), 이른바 '그리스도 표기체'라는 독특한 한글 표기법을 만들어내기에 이른 것이다. 그런데 지금의 한국 기독교는 국어에 아무런 영향을 끼치지 못할 뿐 아니라 오히려 국어를 이상하게 쓰면서도 고치려 하지 않고 있다.

　일찍이 성경의 철자를 개정하라고 외친 이윤재 선생은 '성경의 철자는, 음리상 불합한 것이 많으며, 또 학교 교육과도 일치하지 아니하기 때문에, 오늘의 소년 청년의 안목에 비친 성경의 철자의 오류는 성경의 신성한 내용의 권위를 손상할 우려가 있음'을 경고한 바 있다(이윤재, 2002:136).

기독교에서 잘못 쓰이고 있는 말 중에 대표적인 것으로 '죽으시다'는 표현이 있다. 예수 그리스도의 죽음은 일상적인 죽음이 아니라는 것과, '죽으시다'는 표현이 예수 그리스도의 죽음을 사실적으로 나타낸다는 것이 그 이유이다. 예수 그리스도의 죽음은 분명 일상적인 죽음은 아니다. 그러나 그것은 인류의 대속을 위한 죽음이라는 것과, 삼일 만에 부활했다는 의미에서 특별하다는 것이지 목숨이 끊어진다는 차원에서는 일상적인 죽음과 다를 바가 없다. 또한 '죽다'는 표현은 다의어이며 '죽으시다'는 표현이 생명이 끊어진다는 뜻으로 쓰이는 경우는 없다.

우리말 성서문헌을 언어학적인 면에서 분석 검토한 논문이나 저서들이 적지 않다. 특히 『개역성경』을 검토 분석한 것으로는 나채운(1971, 1990), 민영진(1979), 서정수(1985), 정길남(1991)들이 있다. 이들은 『개역성경』의 벗어난 우리말 표현들을 지적하고, 원전에 의거 현대 우리말 정서법에 알맞은 표현들을 제시하려 하고 있음이 특징적이다(정길남, 1994:82). 그런데 '죽으시다'의 비문법성에 대한 연구는 이루어진 바 없다. 뿐만 아니라 번역 성경을 어학적 측면에서 접근한 논문들; 옥성득(1993), 김진(1996), 최성규(2006), 최선기(2008), 전무용(2011), 그 외 여러 논문을 살펴보아도 결과는 마찬가지이다.

'죽으시다'는 표현이 분명 비문법적이며 신학적으로도 문제가 있을진대 이에 대한 연구는 진작에 이루어졌어야 했다.

이에 본 논문에서는 먼저 죽음의 의미를 고찰한 후, 죽음을 나타내는 말을 가능한 한 여러 각도에서 살핀 다음, 일상적이지 않은 예수 그리스도의 죽음일지라도 그 표현에 있어서 어법의 한계를 초월할 수 없다는 것을 밝히고자 한다.

1. 일반적인 죽음과 특별한 죽음

'죽음'을 일반적인 죽음과 특별한 죽음으로 구별하는 것은 예수 그리스도의 죽음이 인류의 대속을 위한 죽음이라는 것과, 삼일 만에 부활함으로써 자연법칙을 초월했다는 사실에 근거를 둔 것이다. 그런데 한국 기독교에서는 예수 그리스도의 죽음에 대한 표현을 차별화시키려는 의욕이 지나친 나머지 '죽으시다'와 같은 비문법적 용어를 만들어 쓰게 된 것이다[16]

그러나 성경 원문에서도 예수 그리스도의 죽음을 차별적인 단어로 표현한 예가 없다. 신약성경 원문에서 '죽음'을 나타내는 대표적인 단어로 타나토스(θάνατος)가 쓰였는데, 약 120회 정도 나온다(이병철 편, 1986:425). 그런데 어느 곳에서도 예수 그리스도의 죽음과 인류의 죽음을 구분하여 표현한 흔적은 찾아볼 수 없다.[17] 더구나 한글 개역성경 복음서에는 예수 그리스도의

---

16) 본 연구자는 기독교개혁신보(355호, 2004. 7. 10)에 '죽으시다'의 비문법성에 대해서 지적한 바가 있는데, '죽다'를 완곡하게 표현하여 높이는 말로는 '돌아가시다'가 있음을 강조했다.
17) 신약성경에서 타나토스(θάνατος)가 예수 그리스도의 죽음을 나타낸 말로 '마 26:59,

죽음에 대하여 '죽다'는 표현을 직접적으로 사용하지 않고 '영혼이 떠나시다(마 27:50)', '운명하시다(막 15:37, 눅 23:46)', '돌아가시니라(요 19:30)' 등으로 표현했다. 그럼에도 불구하고 한국 기독교는 '죽으시다'는 말로 예수 그리스도의 죽음에 대한 표현을 차별화시키려는 모순을 범하고 있다.

1.1. 일반적인 죽음

'죽음'의 사전적 풀이는 '죽는 일. 생물의 생명이 없어지는 현상'을 이르는 말이다. 죽음의 동사형이 '죽다'인데 '죽다'의 대표적 의미는 '생명이 없어지거나 끊어지다'이며, 그에 따르는 응용 의미는 적어도 열 가지 이상이나 된다(표준국어대사전).

① 생명이 없어지거나 끊어지다.
② 불 따위가 타거나 비치지 아니한 상태에 있다.
③ 본래 가지고 있던 색깔이나 특징 따위가 변하여 드러나지 아니하다.
④ 성질이나 기운 따위가 꺾이다.

27:1, 막 10:33, 14:55, 요 11:23, 12:33, 18:32, 롬 5:10, 6:3,4,5, 고전 11:26, 빌 2:8' 등에 쓰였으며, 인류의 죽음과 관련하여 사용된 경우는 '마 8:25, 10:21, 16:28, 막 4:38, 9:1, 13:12, 눅 1:79, 2:26, 요 8:51,52, 롬 7:13, 고전 11:26, 고후 11:23, 빌 1:20, 2:30' 등에 나타나는바, 예수 그리스도의 죽음과 인류의 죽음을 구분하여 표현하지 않았다.

⑤ 마음이나 의식 속에 남아 있지 못하고 잊히다.

⑥ 움직이던 물체가 멈추어 제 기능을 하지 못하다.

⑦ 경기나 놀이 따위에서, 상대편에게 잡혀 제 기능을 하지 못하다.

⑧ 글이나 말 또는 어떤 현상의 효력 따위가 현실과 동떨어져 생동성을 잃다.

⑨ 상대편에게 으름장을 놓거나 상대편을 위협하는 말.

⑩ (주로 '죽도록', '죽어라 〈하고〉', '죽자고' 따위의 꼴로 쓰여)있는 힘을 다한다는 뜻을 이르는 말.

⑪ 은어로, 감옥에 감을 이르는 말.

여기서 중요하게 살필 것은 '죽다'는 말은 다의어에 속한다는 사실이다. 다의는 일반적으로 하나의 중심의미와 거기서 방사되는 응용의미들을 가진다(김종택·남성우 공저, 1997:173).

'죽다'는 말이 다의어이므로 사람과 관련하여 쓰이는 경우라도 언제나 목숨이 끊어지는 것을 나타내는 '사망하다'의 뜻으로만 쓰이는 것은 아니다. 위에 열거한 사전풀이를 보더라도 '성질이나 기운 따위가 꺾이다', '상대편에게 으름장을 놓거나 상대편을 위협하는 말' 등과 같이 쓰임을 알 수 있다. 그런가하면 사망을 나타내는 표현에도 여러 종류가 있는데 단순한 '죽음' 자체만을 뜻하는 어휘들을 열거하면 다음과 같다(정정덕, 1991:249).

① 죽다, 죽음, 卒하다.

② 가다, 돌아가다, 올라가다, 떠나다.

③ 사거(死去), 사망(死亡), 화거(化去).

④ 절명(絶命), 숨이 막히다, 숨이 끊기다, 명(命)이 다하다.

⑤ 귀천(歸天), 귀원(歸元), 승천하다.

⑥ 지하에 가다, 황천 가다, 지옥에 가다.

⑦ 사자밥이 되다.

⑧ 별세(別世), 즉세(卽世), 세상 뜨다(떠나다, 이별하다).

⑨ 영원히 잠들다, 영원히 눈감다, 영면(永眠).

⑩ 머리 자르다, 목 자르다, 심장이 터지다(멈추다).

'①'은 단순히 죽음의 의미자질을 나타내는 어휘들이다. '②'는 고유어로 죽음만을 뜻한다. '③'은 단순한 죽음을 한자어로 표시한 것에 불과하고, '④'는 육체적 삶의 근원인 생명력이 다하여 단순히 죽음을 뜻하고, '⑤'는 죽어서 영혼이 육체로부터 분리되어 영혼의 이동이 하늘에 도달하는 어휘로 죽음을 뜻한다. '⑥'은 반대로 영혼이 땅에 도달한다는 어휘로 단순한 죽음을 나타낸다. '⑧'은 영혼이 현세로부터 떠난다는 어휘로 죽음을 나타낸다. '⑨'는 죽음을 영원히 잠듦에 비유한 것으로 쓰였다. '⑩'은 육체의 어느 부분에 상해를 가하여 죽음을 초래하는 어휘들이다. 이들 모든 어휘들은 단순한 죽음만을 뜻하는 어휘들이다.

한편 '죽음'을 높여주는 어휘에는 다음과 같은 것들이 있다(정

정덕:257-258).

① 연세(捐世), 졸(卒)하다, 돌아가시다, 눈을 감으시다.

② 별세(別世).

③ 승하(昇遐), 국상(國喪).

④ 역책(易策).

⑤ 등선(登仙), 상선(上仙), 타계(他界).

⑥ 작고(作故).

⑦ 당고(當故).

⑧ 상(喪), 상사(喪事), 부모상(父母喪).

⑨ 붕(崩)하다.

'①'의 어휘들은 단순히 '죽음'의 높임의 뜻이 있다. '②'는 현실을 떠난다는 뜻으로 죽음을 약간 높이고 있다. '③'은 임금님이나 대통령의 죽음을, '④'는 학문과 덕행이 높은 분의 죽음을, '⑤'는 존귀한 분의 죽음을 뜻하나 원래 도교적 사상과 관련이 있다. '⑥'은 일반 사람의 죽음을 높이고, '⑦'은 부모님을, 그리고 '⑧'은 죽음 자체를 높이는 어휘로서 두루 객관적으로 쓰인다. '⑨'는 군주의 죽음을 높이어 쓰이는 어휘이나 오늘날 시대의 변천으로 쓰이지 않는다. 이와 같은 어휘들을 일람표로 나타내면 [표1]과 같다.

[표1] 죽음을 높여주는 어휘

의미자질 / 어휘	죽음	높임	대상	일반인	임금왕	부모	학자	군주	중립
捐世	+	+	−	−	−	−	−	−	+
作故	+	+	+	+	−	−	−	−	−
昇遐	+	+	+	−	+	−	−	−	−
當故	+	+	+	−	−	+	−	−	−
易簀	+	+	+	−	−	−	+	−	−
崩하다	+	+	+	−	−	−	−	+	−
喪	+	+	+	+	+	+	+	+	+
돌아가시다	+	+	+	+	+	+	+	+	+

[표1]에서 보는 바와 같이 죽음을 높여주는 어휘로서 신분 여하를 막론하고 두루 쓸 수 있는 말로 '喪'과 '돌아가시다'가 있다. 그런데 '喪'은 가족이나 친족에 기댄 표현으로서 [+ 관계성]의 의미자질을 가진다. 그러므로 신분이나 관계 여하를 막론하고 두루 쓸 수 있는 말은 '돌아가시다'이다.

한 언어사회의 화자들은 왜 언어예절의 규칙을 습득하여 체화하는 것인가. 언어예절의 목적으로 다음 세 가지를 꼽는다(박금자 외 2인:6).

① 화자가 청자의 이익을 극대화하기 위하여
② 화·청자의 체면을 위협하는 언어행위를 최소화하기 위하여
③ 예절이라고 인정된 기준에 맞는 틀을 사용하여 효율적인 인간관계를 맺기 위하여, 곧 사회적 갈등을 피하여 사회생

활을 원활히 하기 위하여

예절은 사회에서 문화적으로 특정한 유형의 행동이 역사적으로 발전해오면서 정착된 것이다. 마찬가지로 언어예절도 특정한 유형의 언어구조와 언어사용 양식이 역사적으로 변화해 오면서 정착된 것이다. 이와 같은 규칙이 깨지면 사회생활에 혼란을 초래할 수도 있다.

뒤에서 좀 더 자세히 설명하겠지만 주체높임말이 따로 마련된 경우가 있는 것처럼 일부의 풀이씨에도 '먹-'에 대하여 '잡수-'가, '아프-'에 대하여 '편찮-'이, '죽-'에 대하여 '돌아가-'가 주체에 대한 높임말로 따로 존재하고, 여기에 주체높임의 모든 월에 실현되는 '-시-'가 결합된 것으로 보는 것이 타당하다(한길, 2001:77). 그러므로 예수 그리스도의 죽음과 연관해서는 '죽다'의 존칭어인 '돌아가시다'를 써야 한다.

1.2. 특별한 죽음

예수 그리스도의 죽음을 '특별한 죽음'으로 분류할 수 있는 근거는 그 죽음이 인류의 속죄를 위한 대속의 죽음이며, 죽음으로 끝난 것이 아니라 부활이 뒤따랐다는 사실에 있다.

1.2.1. 대속의 죽음

예수 그리스도의 죽음은 범죄한 인생들의 속죄를 위한 것이기에 말할 수 없이 숭고하고 아름다운 죽음이다. 모든 종교의 창시자가 숭고하고 아름다운 삶을 산 것은 물론, 아무도 흉내 낼 수 없는 고귀한 교훈을 남겼지만 스스로의 생명을 만민의 죗값으로 바친 예는 오직 예수 그리스도에게서만 찾을 수 있다.

1.2.2. 부활

예수 그리스도는 대속의 죽음을 당하고 무덤에 묻힌 지 사흘만에 부활했다. 인류 역사상 장사 지낸 바 되어 땅 속에 묻혔다가 살아난 사람이 없을진대 예수 그리스도의 부활은 대속의 죽음과 연관하여 생각할 때 그 죽음 자체가 예사로운 것이 아님을 알게 해준다. 혹간 예수 그리스도께서는 목숨이 아주 끊어진 것이 아니라 잠시 기절했다가 깨어났다고 하여 예수 그리스도의 부활을 부정하려는 이들이 있다. 그런가하면 예수 그리스도의 시체를 제자들이 숨겨놓고 부활을 조작했다고 하는 이들이 있지만 그러할 가능성에 대해서 성경은 이미 경고를 하고 있다.[18]

---

18) 성경 마태복음 28:11-15에는 다음과 같이 기록되어 있다.
　　11 여자들이 갈제 파숫군 중 몇이 성에 들어가 모든 된 일을 대제사장들에게 고하니
　　12 그들이 장로들과 함께 모여 의논하고 군병들에게 돈을 많이 주며

예수 그리스도의 특별한 죽음을 차별화하기 위해서 개역 성경에서는 '죽으시다'는 표현을 사용했다. 한글판개역성경[19] 중 『개정(1998)』에는 '죽으시-'를 어형으로 하여 쓰인 경우가 총 22회 나타나는데, '죽으사'가 3회, '죽으셨-'이 3회, '죽으시고'가 1회, '죽으신'이 3회, '죽으실'이 2회, '죽으심'이 10회 사용되었다. 그런데 1956년에 출간된 『개역』에서는 총 20회가 사용되었으며 1911년에 출간된 『구역』에서는 총 17회가 사용되었다. 이는 잘못된 표현이 바로잡히지 않은 채 오히려 더 활발히 쓰였다는 증거를 제공해 주고 있는 예이다.

'죽으시-'형의 어휘가 쓰인 구절을 성경별로 비교해 보면 다음 면에 있는 [표2]와 같다.

---

13 가로되 너희는 말하기를 그의 제자들이 밤에 와서 우리가 잘 때에 그를 도적질하여 갔다 하라
14 만일 이 말이 총독에게 들리면 우리가 권하여 너희로 근심되지 않게 하리라 하니
15 군병들이 돈을 받고 가르친 대로 하였으니 이 말이 오늘날까지 유대인 가운데 두루 퍼지니라
19) 『한글판개역성경전서』는 1911년 신구약합본(구역)이 출간된 이래 1938년의 1차 개정(성경개역)과 1956년의 2차 개정(성경전서 개역한글판)에 이어 1998년 3차 개정(개역개정)판을 냈는데, 1956년의 2차 개정판에서는 1차 개정판의 구철자를 새로운 철자로 바꾸었을 뿐 내용은 크게 달라진 바가 없다.

〔표2〕'죽으시-'형의 어휘가 쓰인 성경구절 비교

	구역(1911)	개역(1956)	개정(1998)
죽으사	살전 5:10, 히 9:15	살전 5:10, 히 9:15, 벧전 3:18	살전 5:10, 히 9:15, 벧전 3:18
죽으셨-	롬 5:6, 갈 2:21	롬 5:6, 갈 2:21	롬 5:6, 갈 2:21, 살 전 4:14
죽으시고	고전 15:3	고전 15:3	고전 15:3
죽으신	롬 14:15, 고전 8:11	롬 14:15, 고전 8:11	요 19:33, 롬 14:15, 고전 8:11
죽으실	요 11:52, 롬 8:34	요 11:52, 롬 8:34	요 11:52, 롬 8:34
죽으심	롬 5:8,10, 롬 6:5,10 고전 11:26, 고후 5:15, 빌 2:8, 3:10	롬 5:8,10, 롬 6:3,4,5, 10, 고전 11:26, 고후 5:15, 빌 2:8, 3:10	롬 5:8,10, 롬 6:3,4,5, 10, 고전 11:26, 고후 5:15, 빌 2:8, 3:10
총횟수	17회	20회	22회

'죽으시-'라는 어형의 사용에 있어서 『개정』이 『구역』보다 5회 더 많이 나타났는데, 그 표현을 대조 비교해 보면 [표3]과 같다.

〔표3〕『구역』과 『개정』의 '죽음'에 관한 표현 비교

	성경구절	구역(1911)	개정(1998)
1	요 19:33	임의 죽은 거슬 보고	이미 죽으신 것을 보고
2	롬 6:3	그 죽음을 합ᄒᆞ야	그의 죽으심과 합하여
3	롬 6:4	그 사망을 합ᄒᆞ야	그의 죽으심과 합하여
4	살전 4:14	죽엇다가 다시 사심을	죽으셨다가 다시 살아나심을
5	벧전 3:18	죄를 위ᄒᆞ야 고난을 밧으샤	죄를 위하여 죽으사

2. '죽으시다'의 비문법성

앞에서 살펴본 바와 같이 예수 그리스도의 죽음은 일반적인 죽음이면서 특별한 죽음이었다. 그렇다고 해서 '죽으시다'는 표현이 예수 그리스도의 특별한 죽음에 합당한 표현이라는 근거가 될 만한 증거는 없다. '죽으시다'는 표현은 어떤 사람들이 주장하는 것처럼 '어법으로는 맞지 않지만 신학적으로 맞는'표현이 아니다.[20]

그런가하면 어떤 목회자는 선배 신학자의 견해를 무비판적으로 수용하여 '죽으시다'는 표현이 복음적으로 깊은 의미를 지닌 용어라고 주장하기도 하나 이 또한 불합리하기는 마찬가지이다.[21]

---

20) '죽으시다'의 비문법성에 대한 본 연구자의 지적에 대하여 합동신학대학원대학교 김영제 교수는 다음과 같이 반론을 제시한 바 있다(개혁신보 356호, 2004, 7.24.)
 "교회가 그리스도의 죽음을 굳이 '죽으셨다'고 말하는 것은 그분의 죽음이 예사로운 죽음이 아니므로 '돌아가셨다'는 완곡한 표현보다는 '죽으셨다'는 분명한 표현을 쓰는 줄 압니다.
 죽음을 두고는 '저승으로 가다' '황천길로 가다' '서거하다' 등등 여러 비슷한 표현들이 있습니다. 성경에도 '흙으로 돌아가다' '본향으로 돌아가다'는 말씀이 있습니다만, 이 모든 표현들이 한번 죽으면 다시 돌아오지 않는 우리 사람의 죽음에 적용하는 말입니다.
 그러나 예수께서는 죽으셨다가 사흘 만에 부활하시고 승천하셔서 하나님 우편에 계시는 주님이십니다. 주님의 죽음을 가리켜 '돌아가셨다'고 한다면 그분의 부활을 가리켜서는 무엇이라고 해야 하겠습니까. 성경에 있는 '잔다'는 말씀도 다시 살아남을 전제하는 말일 것입니다. 어법에 맞게 표현하는 것은 우리의 상식과 일반적인 논리에 따르는 것입니다.
 그런데 그리스도의 죽음과 부활은 우리의 상식과 논리를 초월하는 유일한 사건입니다. 그리고 예수께서는 영원 전부터 살아 계신 하나님의 독생자이십니다. 그러므로 우리를 구속하시기 위하여 죽으시고 부활하신 주님의 죽음을 두고는 우리의 어법에는 맞지 않으나 신학적으로 맞게 '죽으셨다'라고 말해야 하는 줄 압니다."
21) 안해근은 개혁신보(357호, 2004, 8.14.)에서 박윤선의 설교를 예로들어 '죽으시다'가 신학에 맞는 표현이라고 주장한바 설교 내용은 아래와 같다.

2.1. 어법적 관점

앞부분 〈1.1.〉에서 이미 살펴본 바와 같이 '죽음'을 나타내는 표현은 매우 다양하다. 그런데 '사망'과 관련해서는 어떤 경우라도 '죽으시다'라는 말이 쓰이는 법이 없다. '죽으시다'라는 표현이 어법에 맞지 않기 때문이다. 이런 주장은 선어말어미 '-시-'에 대한 이해가 부족한 데서 비롯된 것으로 보아야 할 것이다.

선어말어미 '-시-'는 중세국어부터 현대국어에 이르기까지 그 기능이 변하지 않고 있다. 한 조사 결과 경어법 형식의 기능 부담량의 크기는 '-시->-님>-께서>댁'의 순서로 나타났다. 이는 유동적이기는 하나 '-시-'가 기능부담량의 크기에 있어서 우위를 점한다는 것을 증명한 것이다(이정복, 2002:81).

'-시-'는 존대해야 할 대상에 대해 각별히 친밀한 뜻을 표시하는 기능도 가지고 있다. 예를 들어 '퇴계는 조선의 뛰어난 성리학자이시다'고 했을 때 이는 퇴계의 후손이나 퇴계를 연구하는 사람들이 개인적으로 각별한 친밀감을 가지고 주관적으로 기술하

"…… 유대인이 예수님을 십자가에 못 박도록 하고 예수님은 죽으셨는데 이제 그 시체를 치워달라고까지 한 것입니다. 예수님이 세상뜨셔서 시체가 십자가 위에 매달려서 죽으신 것인데, '돌아가신 것인데' 하지 아니하고 '죽으신 것인데' 이렇게 말씀드리는 것 잘 양해하시는 줄 압니다. '돌아가셨는데' 하는 그 말보다 '죽으셨는데'란 말이 더 좋아요. 왜 그런고 하니 '죽었다'는 말이 우리 주님에게 대하여 당하신그 고난을 기억시키는 거예요. 물론 우리 주님께서 그 영혼이 떠나시고 그 영혼은 살아계시지마는 그 육신이 십자가에서 비참한 죽음을 죽으셨는데 그 비참한 성격과 저주받은 성격, 갈라디아 3장에 보면 저주를 받으셨다는 뜻까지 말씀했는데 그 고난을 그대로 나타내는 것을 주님이 원하십니다. 이렇게 주님께서 십자가에서 죽으셨는데……"

는 의미를 보인다(이희두, 2000: 46).

또한 '큰아버지께서 집에 간다'와 같이 주체경어법에서 '-시-'가 빠지면 주체존대자질은 크게 떨어지며 존대성과 호응도가 떨어져서 비문에 가깝게 된다(이규창, 1992:136). 그런가하면 '시-'는 화자의 존귀한 인물에 대한 기대심리의 작용과 관련된다고 할 수 있다. 그 용례로

　ㄱ. 아버님이 보인다.
　ㄴ. 아버님이 보이신다. 를 들 수 있다(이윤하, 2001:136).

그런데 우리가 주목할 것이 있다.

첫째, 주체를 높이는 모든 월에는 '-시-'가 통합되어야 하며, 일부의 임자씨 가운데 주체높임말이 따로 마련된 경우가 있는 것처럼 일부의 풀이씨에도 높임을 나타내는 말이 따로 있다. 곧 '밥'에 대하여 '진지'가, '이'에 대하여 '치아'가, '나이'에 대하여 '연세'가 높임말로 마련되어 있는 것처럼, 풀이씨에서도 '먹-'에 대하여 '잡수-'가, '아프-'에 대하여 '편찮-'이, '죽-'에 대하여 '돌아가-'가 주체에 대한 높임말로 따로 존재하고, 여기에 주체높임의 모든 월에 실현되는 '-시-'가 결합된 것으로 보는 것이 타당하다는 것이다(한길:77).

둘째, 주체대우법이 실현되는 문장에서도 대우할 대상인 주체와 주체대우법의 실현 요소 사이에 호응관계가 이루어짐으로써

주체대우법이 정상적으로 실현된다. 그리고 그 주체대우법의 실현 요소 사이의 호응관계도 유지되어야 한다. 예를 들면

ㄱ. 선생님께서 진지를 잡수신다.
ㄴ. *선생님께서 진지를 먹으신다.

(ㄴ)의 문장은 주어로 기능하는 주체인 '선생님'이 높여서 대우할 대상인데도 서술어로 높임동사 '잡수다'가 선택되지 않아서 높임의 주체대우법이 정상적으로 실현되지 못하였다. 이것은 주체대우의 대상과 주체대우법의 실행요소의 호응이 제대로 이루어지지 않았기 때문이라는 것이다(김태영, 2007:272-273). 이는 '죽다'의 존칭어가 왜 '죽으시다'가 아니라 '돌아가시다'인가를 확실하게 규명해 주는 설명이 된다.

한편 과거 검인정 및 국정문법교과서에 기술된 한국어 경어법의 실상을 연구한 서덕현(1996)에 따르면, 각 시기별로 용언의 어간이 동사인 경어로서 비교적 빈도수가 큰 것들은 다음과 같이 나타났다.

○ 1·2차 검인정(1949-1965~7)
　　잡수시-/잡숫-/자시-, 주무시, 돌아가시-, 기침하(시)-
○ 제1차 통합문법(1966~8-1978)
① 중학교: 잡수시-, 주무시-, 돌아가사-,

② 고등학교: 잡수시-, 주무시-, 돌아가시-

○ 제2차 통일문법(1979-1984)

　　잡수-/잡수시-, 주무시-, 돌아가시-.

○ 통일문법 국정(1985-1990)

　　주무시-, 잡수시-, 돌아가시-.

　검인정 및 국정문법교과서에 기술된 한국어 경어법에서 '죽다'의 존칭형으로 줄곧 '돌아가시-'를 제시하고 있는 것은 '먹다'나 '자다', '죽다' 등의 존칭어가 따로 있음을 강조한 것이다.

　한편 한길(2002)에서는 "주체높임 풀이씨는 주체 안높임의 풀이씨 뿌리에 '-시-'가 결합되는 대신에 보충되는 낱말로 보지 않고, 주체높임 풀이씨와 '-시-'의 결합으로 다룬다. 곧 '계시다'는 '있- + -시-'의 보충으로 보는 것이 아니라 '있-의 주체높임말 + -시-'로 보며, '잡수시다'는 '먹+-시-'의 보충어가 아니라 '먹의 주체높임말 + -시-'로 보는 것이다. 이와 마찬가지로 '돌아가시-'는 '죽-'의 높임말 '돌아가-'와 주체높임의 '-시-'가 결합된 복합 형태에 해당한다. 그런데 '돌아가-'와 '-시-'가 동일인을 작용역으로 하는 월에서 '돌아가-' 대신에 안높임의 '죽-'이 쓰이더라도 적격한 경우가 있다. 예를 들면 '형님께서 기가 죽으셨어'가 이에 해당되는 바 이렇게 되면 '-시-'로써 주체를 높이되 주체의 행위 자체는 높이지 않게 되어, 높임의 정도에서 '-시-'로 주체를 높임과 아울러 '돌아가-'로 주체의 행위를 높인 '돌아가시-'보다 낮아진다."고 설명한다.

사람의 '죽음'을 나타내는 말들이 어떻게 다른지 그 쓰임을 좀 더 구체적으로 살펴보면 다음과 같다.

2.1.1 죽다

살아 있는 모든 것이 생명 현상을 잃게 되는 것을 기본으로 한다. 움직이던 물체의 움직임이 중지되는 것과 어떤 기운이 없어지는 것 또는 물체의 본래적인 특성이 없어지는 것 등에 대해서도 쓰인다. 죽을 정도로 힘을 다하는 것, 죽을 정도로 심한 상태에 있는 것을 뜻할 수도 있다(임홍빈 편저, 1996: 580).

'죽다'는 금기어에 속하므로 '승천, 승하, 귀천, 타계, 운명' 등의 우아한 표현으로 바꾸어 쓰며(박금자 외 2인 공저, 2004:72), '죽다' 대신 '돌아가다'는 완곡어를 쓴다.

2.1.2. 돌아가다

원래는 '있었던 자리로 다시 간다'는 뜻이다. 이것이 발전하여 사람이 본래 태어난 곳으로 다시 간다는 뜻으로 쓰인다.

이 말은 '죽다'를 완곡하게 표현하여 높이는 말로서 사람에 대해서만 쓰이는데 그것도 윗사람에 대해서만 쓴다. '죽다'가 가지는, 어떤 기운이 약화된 것을 뜻하는 경우에는 쓰이지 않는다

(김달호, 1980). '돌아가시다'와 같이 '시-'를 써야 온전히 높이게 된다. '죽으시-'라는 어형은 존재하지 않는다(이익섭외 2인, 1997:253).

2.1.3. 사망하다

사람의 생명 현상이 중지되는 것에 대해서만 쓰인다. 물체가 가진 어떤 특징에 대해서 쓰이는 일이 없으며, '있는 힘을 다하여'나 '아주 심한 정도'의 뜻을 나타낼 수 없다. 사람의 죽음을 객관적으로 가리키므로 공식적인 보고나 기록에 흔히 쓰인다. 이보다 다소 완곡하게 표현하는 말이 '돌아가다, 별세하다'이다. 개인적인 관계에 있는 사람의 죽음을 높일 때는 흔히 '돌아가시다'를 쓰며 위대한 인물의 죽음에 대해서는 '서거하다'를, 임금에 대해서는 '붕어(崩御)하다'를 쓴다(이익섭외 2인, 1997:581).

위에서 살펴본 바와 같이 '죽다'는 다의어일 뿐 아니라 '죽으시-'라는 어형은 존재하지 않으며, 「죽다」와 「사망하다」동사는 존칭의 경우에는 쓰이지 않으므로(배해수, 1992: 340) '죽으시다'는 말은 쓸 수 없는 말이다.

'죽으시-'라는 어형이 자연스럽게 쓰이는 경우가 있다면 '아버님은 풀이 죽으셨다'와 같이 목숨이 끊어진 것과 상관없는 상태를 나타낼 때뿐이다. 그러므로 '죽으시다'가 생명현상이 중지

되는 것을 확실하게 나타내는 말이라는 김영제의 주장이나 예수 그리스도의 비참한 죽음을 상기시켜 준다는 박윤선, 안해근 등의 주장은 잘못된 것임을 알 수 있다. 더구나 박윤선의 주장대로 예수 그리스도의 십자가 처형을 '저주 받은 죽음'과 연관시킬 경우 '죽으시다'는 표현은 비아냥거리는 말이 될 수도 있다. '저주'와 존칭 어미 '-시-'와는 호응을 이루지 못하기 때문이다. 반면 '돌아가다'는 [+사람], [+사망], [+존칭]의 의미자질을 가지고 있기 때문에 예수 그리스도의 죽음을 객관적으로 표현함에 있어 가장 적절한 말이다.

2.2. 신학적 관점

이상 세 사람의 견해를 종합하면 '죽으시다'가 어법에 맞지 않는다는 것은 모두 인정하면서도 신학적으로는 합당하다고 주장하는 바, 합당하다고 생각하는 이유가 두 가지로 압축됨을 알 수 있다. 첫째, '죽으시다'가 '사망'의 의미를 확실하게 나타냄은 물론 부활과 연계된 표현이라는 것. 둘째, '죽으시다'가 예수 그리스도의 고난을 사실적으로 드러내준다는 것.

그러나 이와 같은 주장은 지나치게 주관적이며 객관성이 결여되어 있어서 수용할 수 없다. 재론하거니와 '죽으시다'는 표현은 ① 다의어이므로 꼭 '사망'의 뜻만을 나타내는 것은 아니며 ② '풀이 죽으시다'처럼 '사망'과는 상관없는 경우에만 사용이 가능한 용어이다. 반면 '돌아가다'는 표현은 어법에 맞을 뿐 아니라 '재림'과 연계해서도 합당한 표현이 될 수 있다. '돌아가다'는 '다시 올' 가능성을 열어놓고 있기 때문에 신학(예수 그리스도의 재림)에도 부합된다.

한국 기독교가 이렇게 불합리한 주장을 수용하는 것은 '용어'에 대한 이해가 부족하기 때문이다. 용어란 한 전문 분야에 속하는 일반 개념에 대한 언어 명칭인데 용어에는 다음과 같은 특성이 있다(국립국어원, 2007:13-15).

① 용어의 일의성

하나의 용어는 하나의 개념을 지칭해야 하며 또한 하나의 개념은 하나의 명칭으로 불려야 한다.

② 용어의 투명성과 명시성

용어는 개념의 반영이다. 용어를 통해서 그 개념이 무엇인지 유출할 수 있을 만큼 명시적이고 직접적으로 표현되어야 한다.

③ 용어의 간결성

개념이 명시적으로 드러나는 한 불필요하거나 너무 과도한 정보를 명칭에 담지 말아야 한다.

④ 용어의 일관성

개념의 체계와 용어의 체계는 일관한 방식으로 서로 대응되어야 한다. 동일한 범주에 속하는 개념을 지칭하는 용어는 가능한 한 동일한 형식을 갖추어야 한다.

그런데 '고유어로 만든 전문어' 중에는 특히 우리말을 사용하려는 지나친 노력 때문에 어색한 우리말이 만들어지는 경우까지 있다. '인간나라'를 '사람나라'로 바꾼 것(개역개정, 단 5:2)이라든지, '적신'을 '알몸'으로 바꾼 것(개역개정, 욥 1:21)이 그 대표적인 예에 속할 것이다.

이와 같이 전문 용어에 대한 인식(이해) 부족으로 비문이 속출하게 되는데, '죽으시다'가 그 단적인 예에 속한다.

3. 나가는 말

'죽으시다'는 한국 기독교에서는 아주 익숙한 표현이다. 특히 예수 그리스도의 죽음에 대해서는 사람의 죽음을 나타낼 때만 쓰이는 '돌아가다'나 '사망하다'로 표현하면 이상하고, '죽으시다'로 표현해야만 되는 것으로 생각하는 기현상을 빚고 있다.

그러나 성경 원문에도 '죽음'에 대한 표현에 있어서 예수 그리스도의 죽음과 일반인의 죽음을 차별하여 표현한 예가 없을 뿐만 아니라 우리말에 '죽으시-'라는 어형은 없으며, '죽다'는 말이 다의어이므로 사람과 관련하여 쓰이는 경우라도 언제나 목숨이 끊어지는 것을 나타내는 '사망하다'의 뜻으로만 쓰이는 것은 아니다. 다만 '돌아가-'와 '-시-'가 동일인을 작용역으로 하는 월에서 '돌아가-' 대신에 안높임의 '죽-'이 쓰이더라도 적격한 경우가 있는데 예를 들면 '형님께서 기가 죽으셨어'가 이에 해당된다. 이 또한 목숨이 끊어지는 것과는 상관없는 말이다. 그러므로 어떤 경우라도 사람의 목숨이 끊어지는 것을 나타내는 표현으로 '죽으시다'는 쓸 수 없다.

일반적으로 '익숙한 우리말이니까 쉽다'는 인식 때문에 문법이나 어법에 대해서는 관심이 없는 것이 사실이다. 게다가 한국 교회는 '성경 문자 무오설'에 바탕을 둔 성경 절대주의가 보편화되어 있기 때문에 이미 익숙해진 『개역성경』에서 단어 한 개라도 다른 표현으로 번역되는 것을 견딜 수 없어 하는 경향이 있다(장소원 외 3인공저, 2005:188). 그러나 이는 한국 기독교가 시급히 개선해야 할 과제이다.

앞에서 이미 언급했거니와 많은 사람들이 한국 기독교가 우리말을 바르게 쓸 것을 촉구하며 잘못을 지적했지만 한국교회는 전혀 귀를 기울이지 않았다. 그 결과 한국 신학계의 유수한 교수가 '죽으시다는 말이 우리 어법에는 맞지않으나 신학에는 맞는 말'이라는 등의 잘못된 견해를 발표하는 일이 있어도 이에 대한 비판력을 상실하고 만 것이다.

그러나 문법과 어법도 '법'이다. 법은 질서를 위해서 존재하는 것이며 그 질서는 구성원 전체를 구속한다. 따라서 어법에 어긋나는 표현은 신학에도 맞을 수가 없다. 그럼에도 불구하고 이러한 말들이 한국교회에서 분별없이 쓰이는 것은 앞에서도 지적한 것처럼 '우리말에 대한 관심의 부족과 교육의 부실'에 그 원인이 있는 것이니 한국교회는 이 점에 유의하여 용어를 바르게 쓰는 일에 관심을 기울여야 할 것이다.

4

그분

....

1. 우리말에서 3인칭 대명사의 쓰임은 그리 활발한 편이 못된다.
2. 대명사에는 재귀 기능이 없으며 선행명사를 자유롭게 받지 못하는 한계가 있다.
3. 가까운 사람이나 존귀한 대상을 '그분'으로 지칭 하는 일은 아주 드물게 나타난다.
4. 성삼위 하나님을 '그분'으로 나타내는 일은 극히 삼가야 한다.
5. 요즈음은 외국어의 영향을 받아서 지금의 하나님이나 부모와 같이 아주 가까운 대상을 '그분'으로 표현하는 경향이 있다. 그러나 우리말은 우리 어법에 맞게 사용해야 교양인의 품위 를 유지할 수 있다.

....

‘그분’은 품사로 대명사에 속한다. 구체적으로 분류하면 3인칭 대명사로서 예사낮춤 중칭에 속하는 말이다. 재귀 기능이 없으며 선행명사를 자유롭게 받지 못하는 한계가 있다. 또한 가까운 사람이나 존귀한 대상을 ‘그분’으로 지칭하는 일은 아주 드물게 나타난다는 특징을 가지고 있다.

그런데 한국 교회에서는 이와 같은 특징을 무시한 채 지극히 존귀하신 성삼위 하나님을 ‘그분’으로 표현하여 이상한 문장을 만들어 놓는 예가 비일비재하다. 예를 들면 다음과 같다.

(1)

가. 하나님은 모든 생명의 근원이시고… 그 분만이 모든 존재들의 근원이시니, 만물이 그에게서 나오고 그로 말미암고 그를 위하여 존재한다(헌법, 2010:37).

나. 하나님의 자녀가 되고 하나님의 백성이 된다는 것은 하나님과 비전을 공유하는 것이다. 그분의 비전이 나의 비전이 되고 나의 비전이 그분의 비전이 되는 것이다(기독교개혁신문 528호 사설).

다. 하나님은 예수 그리스도를 통하여 그분의 기뻐하시는 뜻을 따라 우리를 자기 자녀로 예정하셨습니다(현대인의성경 엡 1:5).

라. 하나님과 예수님은 무조건적인 사랑으로 죄인들을 먼저 선택하셔서 그분의 백성과 친구로 삼으신다(아가페 큰글성경 요15:16 해설).

마. 하나님이 누구인가가 너무 분명하여, 그분을 믿고 하늘 끝까지 올라가보고 싶고, 땅 끝까지 나아가 보고 싶은 모험입니다(정○○, 2015:5).

바. '그 외아들 우리 주 예수 그리스도를 믿사오니'는 '그분의 외아들 우리 주 예수 그리스도를 믿사오니'로 고쳐야 합니다(이○○, 1998: 133).

위에서 보듯이 공문서를 비롯해서 신문 사설, 성경 본문, 성경 해설, 신학자, 목회자 등 기독교와 관련된 거의 모든 분야에서 '그분'이 분별없이 쓰이고 있다. 그러나 이는 분명히 잘못된 것이며 바로잡아야 할 부분이다. 특히 (1바)는 교회에서 잘못 쓰이는 말을 바로잡자는 주제를 담고 출판된 책자에 실린 내용이기에 문제가 더욱 심각하다.

이에 대한 바른 지식을 가지기 위해서는 우리말 대명사를 주의 깊게 살펴보아야 할 것이다.

1. 대명사의 특징

대명사는 명사가 쓰일 자리에 그 명사를 대신하여 가리키는 단어들을 일컫는다. 즉 사람이나 사물의 이름을 대신해서 그것을 직접 가리켜 이르는 품사를 말한다.

대명사는 명사, 수사와 함께 활용을 하지 않는 체언에 속하며 조사가 결합되어 주어, 목적어, 보어, 서술어 등의 주성분이 되기도 하고, 관형어, 부사어, 독립어로 쓰이기도 한다(임홍빈·장소원, 1995:127). 따라서 대명사는 다음과 같은 특징을 가지고 있다.

1.1. 명사를 대신하는 품사

대명사는 '사물의 이름을 대신하는 말'로 정의되는 만큼 명사가 쓰일 자리에 명사를 대신하여 나타나므로 그 의미는 대체될 수 있는 단어를 전제로 파악된다(고영근·구본관, 2011:69).

(2)
가. 저 사람은 그 일을 이 사람이 했다고 주장한다.
나. 목사님은 교회 청소를 김수진 성도가 했다고 주장한다.

(2가)에서 사용된 대명사들은 본래 (2나)처럼 명사가 쓰였던

것이 옮겨진 것이라고 할 수 있다. 대명사의 가장 큰 특징은 이처럼 대체 이전의 명사가 그 뒤에 깔려 있다는 점이다(임홍빈·장소원:127).

1.2. 상황지시적 기능

대명사의 의미적 특성은 '상황지시(deixis)'의 관점에서 파악할 수 있다. 명사는 대체로 상황과 무관하게 동일한 의미로 파악되지만 대명사는 상황에 따라 다른 의미로 파악되기도 한다.

(3)
가. 나는 거기서 책을 읽었다.
나. 바로 그 사람이 내가 찾던 사람이야.

(3가)에서 '나'는 상황에 따라 철수가 될 수도 있고, 영희나 순희가 될 수도 있다. 또한 '거기'는 상황에 따라 한국이 될 수도 있고 미국이나 영국이 될 수도 있으며 서울이나 워싱턴, 런던이 될 수도 있다. (3나)에서 '그 사람' 역시 상황에 따라서 다양한 인물로 바뀔 수 있다.

이처럼 화자를 기점으로 하여 화자 자신이나 그 주변의 것을 가리키는 말을 상황지시소(狀況指示素), 또는 단순히 지시소(指示素)라고 한다. 대명사는 이러한 상황지시적인 기능을 가진 전형적인 품사이다(이익섭·채완, 2001:145).

2. 대명사의 종류

대명사는 크게 인칭대명사와 지시대명사로 구분되는데, 인칭 대명사는 1인칭, 2인칭, 3인칭으로 구분된다. 이 중에서 3인칭은 다시 근칭, 중칭, 원칭, 미지칭, 부정칭, 재귀칭으로 구분된다. 이를 알기 쉽게 표로 나타내면 아래와 같다(조규빈, 1991:43).

인칭대명사의 갈래

존비 인칭		아주높임 (극존칭)	예사높임 (보통존칭)	예사낮춤 (보통비칭)	아주낮춤 (극비칭)
제1인칭				나, 우리	저, 저희
제2인칭		당신, 어른 어르신	당신, 임자 그대	자네, 그대	이애
제 3 인 칭	근 칭	(이 어른)	이분	이이	
	중 칭	(그 어른)	그분	그이	
	원 칭	(저 어른)	저분	저이	
	미지칭	(어느 어른)	(어느 분)	누구	
	부정칭	(아무 어른)	(아무 분)	아무	
	재귀칭	당신	자기	자기, 남	저, 남

'그분'은 '그이'보다는 대상을 더 높이는 구실을 하며 그 쓰임의 범위도 '그이'보다 넓다. 그러나 선행명사를 자유롭게 받지 못하는 한계는 있다. 가령 어떤 문장에서 선행하는 명사 '어머님'을 '그분'으로 받는 일은 허용되지 않는다. 옛날 사진을 걸어놓고

"그분은 우리 어머니셔."처럼 말할 수는 있는데 일상 대화에서 가까운 사람을 '그분'으로 지칭하는 일은 아주 드물다(이익섭 외, 1997:236).

인칭대명사 중 3인칭 대명사에 대해서 살펴본다.

2.1. 3인칭 대명사

3인칭 대명사는 그 종류는 많으나 쓰임은 활발한 편이 못된다. 국어에는 앞 문장의 명사를 대명사로 받아야 한다는 영어와 같은 엄밀한 규칙이 없기 때문이다(임홍빈 · 장소원: 131).

(4)

가. Jesus is son of God. Jesus is our savior. I praise Jesus.

나. Jesus is son of God. He is our savior. I praise him.

다. 예수님은 하나님의 아들이십니다. 예수님은 우리들의 구세주이 십니다. 예수님을 찬양합니다.

라. 예수님은 하나님의 아들이십니다. 그분은 우리들의 구세주이 십니다. 그분을 찬양합니다.

위 예에서 (4가)의 'Jesus'는 (4나)처럼 대명사 'He'로 받는 것이 영어의 규칙이지만 우리말에서는 '예수님'은 계속 '예수님'이지 (4라)처럼 '그분'으로 받지 않는다.

또한 3인칭 대명사는 말하는 이와 듣는 이를 축으로 하여 이야기 현장에 있는 인물을 가리키는 기능을 가지는데, '이' 계열의 말은 말하는 이에 가까울 때, '그' 계열은 듣는 이에 가까울 때, '저'계열은 말하는 이와 듣는 이로부터 비슷한 거리에 있는 것을 가리킬 때 쓰이는 말이다. 예수님께서는 '나'와 '너' 어느 편에도 치우쳐 계시지 않다는 측면에서도 예수님을 '그분'과 같은 대명사로 표현하는 것은 자연스럽지 않다.

2.2.재귀대명사

한 문장 안에서 앞에 나온 주어가 되풀이됨을 피하기 위하여 그 주어에 상당하는 인칭대명사를 바꾸어 쓰는 방식을 재귀적 용법이라고 한다. 그리고 이때 사용되는 대명사를 재귀대명사라고 한다. 재귀대명사의 특징 몇 가지를 살펴보면 다음과 같다.

첫째, 재귀대명사의 종류로는 저(낮춤), 자기(예사), 당신(높임) 등이 쓰인다(조규빈:45).

둘째, 재귀대명사는 선행 명사구가 3인칭이어야 하고 유정명사여야 한다. 그러나 '저'의 경우는 무정물이나 유정성이 낮은 벌레에도 쓸 수 있다(이익섭 · 채완:158).

셋째, 다른 대명사들은 앞 문장이나 문맥에 나오는 체언을 대신하는 것과 달리 대체로 한 문장 안의 체언을 대신하는 기능을 한다(고영근 · 구본관:75).

(5)

가. 누구든지 제 자식은 귀엽다.(낮춤)

나. 형은 자기 것만 아낀다.(예사)

다. 선생님은 당신만 챙기신다.(높임)

넷째, '저'와 '자기'는 거의 자유롭게 넘나들 수 있지만 '자기' 가 '저'보다는 앞에 오는 선행 명사구를 조금 더 대접해 주는 것 으로 볼 수 있다. '당신'은 선행 명사구가 공대말이면서 사적인 대화의 자리에 쓰일 때 나타난다.

3. '그분'의 오용

'그분'은 3인칭 대명사로서 재귀 기능이 없으며 선행명사를 자 유롭게 받지 못하는 한계가 있다. 또한 가까운 사람이나 존귀한 대상을 '그분'으로 지칭하는 일은 아주 드물게 나타난다는 특징 을 가지고 있다는 사실에 대해 앞에서 살펴보았다.

그런데 앞에서 예를 든 (1가~바)의 문장들은 지존의 하나님을 '그분'으로 표현했고, '그분'은 재귀 기능이 없는 대명사임에도 불구하고 재귀사로 사용했다.

참으로 심각한 문제는 이와 같은 오류가 공문서를 비롯해서 신문 사설, 성경 본문, 성경 해설, 신학자, 목회자 등 기독교와 관련된 거의 모든 분야에서 발생한다는 것이다.

　잘못된 것을 언제까지나 방치할 수 없다. 이제부터라도 한국 교회는 잘못된 부분을 철저히 가려내어 바로잡는 일에 온 힘을 기울여야 할 것이다. 만약 그렇게 하지 못한다면 기독교는 사이비 집단으로 전락할 수도 있다는 우려가 현실로 다가올 수 있기 때문이다.

5

사이시옷

1. 명사와 명사가 결합하여 합성명사가 될 때 뒤에 오는 명사의 첫소리가 된소리가 되는 등 발음의 변화가 생기는 일이 있다. 이때 두 명사 사이에 'ㅅ'을 끼워 넣는 것이 사이시옷이다.

2. 사이시옷은 한글이 창제된 당시에 이미 있었다.

3. 1956년에 발간된 『개역』은 물론 1911년에 발간된 『구역』에도 바르게 표기된 사이시옷이, 1998년에 발간되고 4차에 걸쳐 수정을 가한 『개정』에 오류가 많이 발생한 것은 참으로 불행한 일이 아닐 수 없다.

4. 1956년에 발간된 『개역』은 물론 1911년에 발간된 『구역』에도 바르게 표기된 사이시옷이 1998년에 발간된 『개정』에 오류가 발생한 것은 한국 교회가 크게 반성할 일이다.

명사와 명사가 결합하여 합성명사가 될 때 뒤에 오는 명사의 첫소리가 된소리가 되는 등 발음의 변화가 생기는 일이 있다. 이 때 두 명사 사이에 'ㅅ'을 끼워 넣는 것이 사이시옷이다.

　사이시옷은 한글이 창제된 당시에 이미 있었는데,『훈민정음』(해례)에 '魯ㅅ사룸'이란 표기가 그 예이다(이호권·고성환, 2008:53).

　사이시옷 표기의 실현 조건을 살펴보면 다음과 같다.

(1)

가. 뒷말의 첫소리 'ㄱ, ㄷ, ㅂ, ㅅ, ㅈ'이 된소리로 발음되는 경우

나. 뒷말의 첫소리 'ㄴ, ㅁ' 앞에서 'ㄴ' 소리가 덧나는 경우

다. 뒤에 오는 단어가 모음으로 시작할 때 합성어가 되면서 두 개의 'ㄴ', 즉 'ㄴㄴ'이 추가되는 경우

'위쪽/윗쪽', '위층/윗층'에서 사이시옷이 들어가지 않은 '위쪽'과 '위층'이 올바른 표기가 되는 이유는 뒷말의 첫소리가 평음이면서 발음할 때에만 된소리로 바뀌는 경우에 사이시옷이 들

어가고, '위쪽'이나 '위층'과 같이 처음부터 된소리나 거센소리인 경우에는 사이시옷이 들어가지 않기 때문이다(이호권 · 고성환, 2008:161).

한편 '해님'을 [핸님]으로 발음하게 되면 'ㄴ' 앞에서 'ㄴ' 소리가 덧나기 때문에 사이시옷의 실현 조건 (나)에 따라 사이시옷이 들어가야 할 것으로 생각하게 된다. 그러나 이 경우에는 사이시옷이 들어가지 않는 '해님'이 맞다. 그 이유는 '해님'의 '해'는 명사이지만 '님'이 명사(단어)가 아니고 접미사이기 때문에 '해님'은 합성어가 되지 못하는 것이다(이호권 · 고성환, 2008:162). 『개정』에서 '예부터'를 '옛부터'로 잘못 표기한 것은 이와 같은 원칙을 어겼기 때문이다.

그런가하면 '머리말'은 표준 발음이 [머리말]이기 때문에 사이시옷을 붙이지 않는다.

그런데 『개정』에는 사이시옷을 잘못 적용한 예가 여러 곳에 나타난다. 1956년에 발간된 『개역』은 물론 1911년에 발간된 『구역』에도 바르게 표기된 사이시옷이 어떻게 해서 1998년에 발간되고 4차에 걸쳐 수정을 가한 『개정』에 오류가 발생했는지 모르겠다.

그 실례를 몇 가지 들어본다. '①'은 『개정』의 표기이고 '②'는 『개역』 '③'은 『구역』의 표기이다.

(1) 시편 55편 19절

① 옛부터 계시는 하나님이 들으시고(×)

② 태고부터 계신 하나님이 들으시고(○)

③ 하ᄂᆞ님이 드르시고 쏘 뎌희를 괴롭게 ᄒᆞ시리니 하ᄂᆞ님은 녜로브터 거ᄒᆞ신쟈시로다(○)

'예'는 주로 '예나', '예로부터' 꼴로 쓰여 '아주 먼 과거'를 나타내는 명사로서 '꼼꼼한 성격은 예나 지금이나 조금도 달라진 것이 없다./이 바위에는 예로부터 괴이한 전설이 하나 전해 내려오고 있었다' 등과 같이 쓰인다(표준국어대사전). 주어나 목적어로는 쓰이지 않고 특정한 조사(부터, 로부터, 나)와 함께 부사어로만 쓰이는 부사적 성격이 짙다(우리말 돋움사전).

반면 '옛'은 관형사로서 '지나간 때의'라는 의미를 가지고 있어서 '옛 자취/옛 추억/옛 친구/10년 뒤 찾은 고향은 옛 모습 그대로였다' 등과 같이 쓰인다. 그러므로 '옛부터'는 잘못된 표기이고 '예부터', 혹은 '예로부터'가 바른 표현이다. 『개정』에는 이외에도 '사45:21, 61:4, 64:4' 등에 '옛부터'로 표기되어 있다.

(2) 이사야 61장 4절

① 그들은 오래 황폐하였던 곳을 다시 쌓을 것이며 옛부터 무너진 곳을 다시 일으킬 것이며(×)

② 그들은 오래 황폐하였던 곳을 다시 쌓을 것이며 예로부터 무너진 곳을 다시 일으킬 것이며(○)

③ 뎌희가 넷적에 문허진 곳을 다시 싹고 샹고쌔에 쇠패흔 곳
　을 다시 세우고 루딕 쇠패흐고 문허진 셩읍을 새롭게 흐며
　(○)

'넷적'은 '옛적'의 고어이며 품사는 명사이다. 위의 문장에서
'①'만 비문이고 '②③'은 정문이다.

(3) 마가복음 14장 66절
① 베드로는 아랫뜰에 있더니(×)
② 베드로는 아래 뜰에 있더니(○)
③ 베드로는 아래 마당에 잇더니(○)

'뜰'은 '집 안의 앞뒤나 좌우로 가까이 딸려 있는 빈터'로서 '뜨
락'과 같은 말이며(표준국어대사전), '아래'와 '뜰'의 합성어는 존
재하지 않는다. 혹 합성어로 인정한다고 해도 '아랫뜰'과 같은 표
기는 우리말 규칙에 어긋난다.[22] '개-똥'이나 '배-탈'과 같이 뒤

---

22) 순우리말로 된 합성어로서 사이시옷을 받치어 적는 경우는 다음과 같다(한글맞춤법 해설,
　　국어연구소, 1988, 57~58쪽).

　1. 뒷말의 첫소리가 된소리로 나는 것
　　고랫재 귓밥 나룻배 나뭇가지 냇가 댓가지 뒷갈망 맷돌
　　머릿기름 모깃불 못자리 바닷가 뱃길 볏가리 부싯돌 선짓국
　　쇳조각 아랫집 우렁잇속 잇자국 잿더미 조갯살 찻집 쳇바퀴
　　킷값 핏대 햇볕 혓바늘
　2. 뒷말의 첫소리 'ㄴ, ㅁ' 앞에서 'ㄴ' 소리가 덧나는 것

단어의 첫소리가 된소리나 거센소리일 때는 사이시옷을 붙이지 않기 때문이다. 그러므로 '아랫뜰'은 잘못된 표기이고, '아래 뜰'이나 '아래 마당' 등으로 해야 바른 표기가 된다.

멧나물 아랫니 텃마당 아랫마을 뒷머리 잇몸 깻묵 냇물 빗물
3. 뒷말의 첫소리 모음 앞에서 'ㄴㄴ' 소리가 덧나는 것
   도리깻열 뒷윷 두렛일 뒷일 뒷입맛 베갯잇 옷잇 깻잎 나뭇잎 댓잎

6

하나님을 즐거워하다

....

1. 외국어를 번역할 때는 우리말다운 표현으로 나타내야 한다.
   그렇지 않으면 부자연스러운 표현이 남발되어 국민 정서를 해
   칠 수도 있다.
2. 외국어는 번역할 때 직역을 원칙으로 할 경우라할지라도 우리
   어법을 고려하지 않으면 안 된다.
3. '하나님을 즐거워 하다'는 표현 역시 외국어를 직역한 결과 비
   문을 만든 예에 속한다.
4. 여차 잘못하면 우리말을 외국어법에 맞춰 사용하는 우를 범
   할 수 있다. 극히 삼가야 할 일이다.

아래 (1)은 ○○교단에서 번역한 소요리문답 제1문의 내용이
며(헌법, 2010:228) (2)는 성경 주석(박윤선, 1978:585)에 실린
내용이다.

(1)
가. 사람의 제일 되는 목적이 무엇인가?
나. 사람의 제일 되는 목적은 하나님을 영화롭게 하는 것과 영
　　원토록 그를 즐거워하는 것이다.
(2) 신자는 그와 같이 하나님을 즐거워하며 거기서 안식하므
　　로 모든 것들을 잠간 경유하는 것으로 상관해야 한다.

그런데 한국 교회에서는 (1)의 '그를 즐거워하는'과 (2)의 '하
나님을 즐거워하며'가 국어 어법에 어긋나는 표현이라는 것을 모
르고 있다.
　외국의 글을 우리말로 번역할 때 어떻게 하면 우리말다운 표
현으로 고칠 것인가 하는 문제는 정말로 중요하고도 심각한 문
제가 아닐 수 없다.
　앞에서도 이미 지적했거니와 국어에는 앞 문장의 명사를 대

명사로 받아야 한다는 영어와 같은 엄밀한 규칙이 없다(임홍빈·장소원, 1995:131). 영어에서는 'Jesus is son of God. Jesus is our savior. I praise Jesus.'와 같은 문장은 두 번째 이하의 주어를 대명사로 바꾸어 'Jesus is son of God. He is our savior. I praise him.'과 같이 표현해야 하지만 우리말에서는 '예수님'은 끝까지 '예수님'으로 표현하지 '그분'과 같은 대명사로 표현하지 않는다는 것은 앞에서 설명했다.

그런가하면 외국어를 직역할 경우에도 어색한 문장이 될 수 있다. (1나)에서 '그를 즐거워하는'은 외국어를 직역한 것인데, 소요리문답 제1문의 원문은 아래와 같다(G. I WILIAMSON, 1970:1).

(3)
Q: What is the chief end of man?
A: Man's chief end is to glorify God and to enjoy Him forever.

(3)에서 'enjoy Him'을 '그를 즐거워하다'로 직역하면 우리 어법상 비문이 된다. '즐거워하다'의 기본형은 '즐기다'인데, 우리 어법상 '즐기다'의 목적어로 '그를'과 같은 유정명사가 올 수 없으며, 무정명사라 하더라도 여러 가지 제약이 뒤따른다. '즐기다'는 대체로 다음과 같이 쓰인다(표준국어대사전).

(4)

가. 즐겁게 누리거나 맛보다.

청춘을 즐기다/공원에는 공휴일을 즐기러 나온 사람들이 많았다/인생은 즐기기에도 부족한 시간이다.

나. 무엇을 좋아하여 자주 하다.

술을 즐기다/여행을 즐기다/낚시를 즐기다/그는 빨간 셔츠를 즐겨 입는다/어릴 적 나는 할머니의 옛날이야기를 즐겨 들었었다.

'enjoy Him'을 '그를 즐거워하다'로 직역하면 언어의 선택제약을 어기기 때문에 비문이 된다.

한 문장 안에서 주어-서술어, 목적어-서술어 관계에 있어서 공존할 수 있느냐의 여부를 판단해주는 제약을 선택제약이라고 한다(박영순, 2010:68). 예를 들어서 [+파종]이라는 공통적 성분을 가진 동사 '심다', '뿌리다', '갈다', '놓다' 등은 '고구마 싹을 심다/볍씨를 뿌리다/보리를 갈다/감자를 놓다' 등에서 볼 수 있듯이 특별한 목적어만을 취하는 통사적 선택제약을 가지고 있는 것이다(윤평현, 2010:118). 그런데 선택제약의 범위는 주어, 목적어에 국한되지는 않는다. 일반적으로 '스타킹'은 '신다'와 호응을 이룬다. 그러나 '범인이 스타킹을 쓰고 있다'고 하면 어색한 문장이 되지 않는다. 이로 보건대 '쓰다', '입다', '신다'는 대상이라기보다는 그것이 부착되는 신체 부위에 의해서 구별된다는 것이다.

이상에서 보았듯이 선택제약은 문장 속의 주어, 목적어, 부사어 등이 당연히 만족시켜야 할 의미상의 조건을 말한다(김종택 · 남성우, 1997: 321).

그렇다면 (1)을 어떻게 고쳐야 우리말다운 문장이 될 것인가? 두 가지로 생각해볼 수 있을 것이다. 하나는 '즐거워하는'을 그대로 두고 '그를' 고치는 방법과 또 하나는 '즐기다'를 형용사로 대치하는 방법이다.

(4)

가. 영원토록 그 안에서 즐거워하는 것이다.

나. 영원토록 즐거운 마음으로 하나님을 섬기는 것이다.

(4가)는 서울대학교 장소원 교수의 의견이고 (4나)는 본 저자가 대안으로 제시해 본 것이다. (4나)도 괜찮기는 하겠으나 원문을 우리 어법에 맞추어 번역한 (4가)가 가장 무난한 문장이라고 생각한다.

(2) 역시 (5)와 같이 바꾸어야 할 것이다.

(5)

가. 신자는 그와 같이 하나님 안에서 즐거워하며 거기서 안식
   하므로

나. 신자는 그와 같이 즐거운 마음으로 하나님을 섬기며 그 안
　　에서 안식하므로

(2)는 (5가)나 (5나) 중 어느 쪽을 선택하더라도 별 문제가 없
을 것이다.

7

~로 기도하게 하다

・・・

1. 사동문에는 사동사에 의한 사동문과 '-게 하다'에 의한 사동
   문 및 '시키다'에 의한 사동문이 있다.
2. 흔히 사동사 사동을 단형 사동, '-게 하다' 사동을 장형 사동
   이라 한다.
3. '-게 하다' 사동은 앞에 '-로 하여금'이 와서 '-로 하여금 -게
   하다' 형식으로 쓰인다.
4. 그런데 『개역』이나 『개정』에는 '하여금'을 빼버린 '-로 -게
   하다' 형을 써서 비문을 만든 예가 허다하다.
5. 어법이나 문법도 '법'이며 사회적 약속이다. 법이 무너지거나
   약속이 깨어지면 혼란이 온다는 것을 명심해야 할 것이다.

・・・

(1)

가. 총회장이 증경총회장 ○○ 목사로 기도하게 한 후 속회하
다.

나. 술람미 여자야 돌아오고 돌아오라 우리가 너를 보게하라

(1가)는 대한예수교장로회 ○○교단 제96회(2011년도) 총회
회의록 내용이고 (1나)는 성경(개역개정) 아가서 6장 13절 말씀
이다.

두 문장 모두 사동형인데, 사동이란 남으로 하여금 어떤 동작
을 하게 하는 동작을 말하며 이러한 뜻을 지닌 동사를 사동사라
한다(조규빈, 1991:182). 사동문에는 사동사에 의한 사동문과 '~
게하다'에 의한 사동문 및 '시키다'에 의한 사동문이 있는데, '시
키다'에 의한 사동문은 문법 요소가 아닌 어휘 요소에 의한 사동
표현이므로 사동 논의에서 제외되는 경우가 많다(고영근·구본
관, 2011:365).

흔히 사동사 사동을 단형 사동, '~게하다' 사동을 장형 사동이
라 하여 구별하는데, 이들 두 가지 사동법은 몇 가지 면에서 차이
를 보인다.

첫째, 통사 구조상으로 단형 사동은 단문이며 장형 사동은 복문이다. 즉 장형 사동에서 '~게'는 내포문을 이끄는 어미인 것이다.

둘째, 단형 사동과 장형 사동은 피사동주에 통합되는 격조사가 다르다(이익섭 · 채 완, 2001:311).

현대국어에서 '~게 하다' 사동형이 활발하게 쓰이게 된 동기에 대하여는 두 가지의 설명이 가능하다.

첫째, '~게 하다' 용법의 생산성.

둘째, 사동접미사와 피동사의 접미사가 형태상으로 동일하기 때문에 이로 인한 피동사의 기피현상으로 인하여 사동사가 소멸되고 장형사동법이 발달된 것으로 보았다(류성기, 1998:47~48).

한문의 사동 표현을 국어로 번역할 때, 의역일 경우에는 국어 방식 즉 동사의 사동표현을 사용하지만, 직역일 경우에는 한문의 使나 令을 '~(으)로 ᄒᆞ여곰' 형태로 번역하거나, 여기에다 또 동사의 사동표현을 덧붙여 일종의 중복표현 형식으로 사용하기도 한다. 개화기의 문헌들에 '~으로 ᄒᆞ여곰'의 형태가 많이 나타난다(김형철, 1997:100-101).

그런데 『개정』이나 『개역』에는 '하여금'을 생략한 채 '나로, 너로, 그로, 여호와로' 등과 '~게 하라'를 연결하여 쓴 문장이 대단히 많다. 이는 분명 잘못된 문장인데, 잘못 길들여진 습관이 고쳐지지 않은 채 오늘날까지 이어지고 있는 것이다.

(1가)에서는 '~하여금'을 빼버려서 비문을 만든 것 외에 예의적인 면에서도 고려할 부분이 있다. 사동(사역)이란 남으로 하여금 어떤 동작을 하게 하는, 즉 '시키는' 것이다. 후배인 총회장이 선배인 증경 총회장에게 무엇을 '시키는' 행위는 그것이 비록 기도일지라도 무례이므로 이와 같은 경우 사동문을 쓰는 것은 합당하지 못하다.

(1나) 역시 '우리로 하여금 너를 보게 하라'와 같이 표현해야 바른 문장이 되겠으나 이럴 경우 사동형을 지양하고 '우리가 너를 보고자 하노라(구역)', '우리가 너를 볼 수 있게 돌아오너라(표준, 새번역)', '우리가 너를 볼 수 있도록 돌아오라(현대인의 성경)' 등과 같이 번역하는 것이 좋을 것이다.

우리 사회는 약속으로 이루어진 모듬살이이다. '1'은 [일]이라고 읽고 [하나]라고 하자, '2'는 [이]라고 읽고 [둘]이라고 하자, '1+1=2'라고 하자, 또 코가 긴 동물은 [코끼리]라고 하자… 등이 모두 약속에 의해 정해진 것이다. 그러므로 이 약속이 지켜지지 않거나 개인 맘대로 변경시킨다면 그 사회는 혼란에 빠지고 말 것이다.

어법이나 문법 역시 사회적 약속이라는 사실을 잊어서는 안 될 것이다.

폐회(閉會)인가,
파회(罷會)인가

1. '파회'란 불교에서 법회를 마친다는 뜻이다. 그러나 항간에서는 '어떤 모임을 마치거나 무산되다'는 뜻으로 더 널리 사용된다.
2. '폐회(閉會)'란 집회나 회의가 끝나거나 의회, 전람회, 박람회 따위를 마친다는 뜻이다.
3. 총회와 같은 회의나 모임이, 순조로운 진행이 불가능하므로 비정상적으로 끝난 상황일 경우 '파회'라는 말을 쓴다.
4. 그러므로 '총회'와 같은 회의가 끝나는 것은 '폐회'이지 '파회'가 아니다.
5. 어떤 사람의 전문성을 기준으로 하지 않고 영향력만 고려하여 그 의견을 수렴할 경우 뜻밖의 오류가 발생할 수 있다.

(1)

가. 총회의 폐회는 파회(罷會)다. '파회'란 그 총회는 폐회되는 순간부터 없어진다는 것이다. 파회한 후 일년 동안은 지교회의 어떤 종류의 일이든지 총회의 권위로써 관여하지 못한다. 총회는 해마다 새로 조직하여 모이는 회합이다. 총회가 파회한 후에도 교단의 사업은 계속된다. 이에 대한 봉사는 위원회가 하도록 되어 있다(박윤선, 1983:165).

나. 대한예수교장로회 합동 총회정상화를위한비상대책위원회(비대위 서창수 위원장) 비대위는 "총회 파회는 적법"이라고 주장한 정준모 총회장의 9월 27일 기자회견에 맞서, △절차를 거치지 않은 파회 선언은 무효다 △파회는 총회장의 고유 권한 아니다 △시간이 되었다고 해서 자동 파회되지 않는다고 반박했다(http://www.christiantoday.co.kr/view.htm?id=258572.2015.3.3)

다. 술이 얼근해진 남 지사장이 은근히 김 대리 부인의 손목을 쥐었다. 그 순간 남 지사장의 왼쪽 뺨에서 불이 일었다. 그것으로 회식은 파회가 되었고 김 대리는 직장을 옮겼다(변이주, 2010: 277).

(1가)는 '파회'라는 낱말을 자의적으로 해석한, 즉 잘못 해석한 결과 발생한 오류이고, (1나)는 자의적 해석을 무비판적으로 수용한 결과로 생긴 오류이다. (1다)는 '파회'의 용례를 보인 소설의 한 대목이다.

'파회'라는 말이 국어사전에는 '(불교에서) 법회를 마친다'는 뜻으로 풀이되어 있다. 그러나 항간에서는 '어떤 모임을 마치거나 무산되다'는 뜻으로 더 널리 사용된다.

박윤선은 '기독교의 총회는 폐회되는 순간부터 없어지는 성격 때문에 파회(罷會)'라고 해야 된다고 주장하지만 그것은 '파회'의 뜻을 정확히 이해하지 못한데서 비롯된 오류이다.[23] 굳이 '폐회(閉會)되는 순간부터 없어지는 성격의 회'라는 말을 찾자면 '폐회(廢會)'가 될 터이나 그런 말은 우리말 사전에 없고 항간에서 쓰이지도 않는다.

우리가 눈여겨보아야 할 것은 파회(罷會)의 동사형이라고 할 수 있는 '파(罷)하다'라는 말이 존재하는 반면 '폐회(閉會)'의 동사형이라고 할 수 있는 '폐(閉)하다'는 말은 존재하지 않는다는

---

23) 현대 한국의 신학자로서 그 학문의 깊이나 인지도에 비해 우리말에 취약성을 보인 대표적인 학자로서 박윤선을 꼽을 수 있다. 박윤선은 손봉호가 편집한 신앙강좌 시리즈 『현대와 크리스천의 신앙』(정음출판사, 1984)에 기고한 글 「하나님은 누구신가」에서 우리 어법에 어긋나는 표현을 많이 사용했다.
"하나님은 ①자유하시는 하나님이시다(37쪽), 그리도께서… 마침내 ②죽으셨다(40쪽), 그리스도의 ③속죄 사역을 그대로 믿도록 하시는 것이다(40쪽), 우리는 보이지 않는 ④그분을 믿을 때에 ⑤신앙의 따끔한 맛을 보게 되는 것이다(40쪽).
위의 글 중 '①,②,④'는 형태론, '③'은 통사론, 그리고 '⑤'는 의미론에 관한 이해가 부족한 데서 비롯된 오류이다.

사실이다.[24] 그러므로 박윤선이 '기독교의 총회는 폐회되는 순간부터 없어지는 성격 때문에 파회(罷會)'라고 해야 된다고 주장한 것은 '파회(罷會)'를 '폐회(廢會)'와 같은 뜻으로 오해한 데서 비롯된 것임을 알 수 있다. 이러한 오해는 '파(罷)하다'와 '폐회(閉會)'의 뜻을 정확히 알지 못한 데서 비롯된 것이다.

　(2) 파(罷)하다: ①어떤 모임이나 하던 일 따위가 끝나서 다 헤어지다. ②어떤 일을 마치거나 그만두다(우리말돋움사전).

　'파(罷)하다'는 말은 주로 회의 성격을 띠지 않은 어떤 모임이나 일을 계획했던 대로 잘 마무리했을 경우에 쓰이지만 그 모임이나 일이 뜻대로 안 돼 중도에서 그쳤을 경우에도 사용된다.

　(3) 폐회(閉會): 집회나 회의가 끝남. 또는 의회, 전람회, 박람회 따위를 마침(표준국어대사전).

　'폐회(閉會)'는 일반적으로 어떤 회무가 계획했던 대로 잘 마무리 됐을 경우에 사용된다. 따라서 '총회'와 같은 회의가 끝나는 것은 '폐회'이지 '파회'가 아니다. 총회와 같은 회의가 '파회'되었

---

24) '폐(閉)하다'는 말이 없는 대신 '(문을) 닫다'는 말은 활발히 쓰인다.

다고 하면 그것은 회의 진행이 제대로 되지 않아 중간에서 회의를 그만둔 경우에 주로 사용된다.

그러므로 (1가)에서 '총회의 폐회'는 '파회(罷會)'가 아니라 '폐회(閉會)'일 뿐이다. 또한 (1나)에서 "총회 파회가 적법"이라고 주장할 수 있는 경우는 순조로운 회의진행이 불가능하므로 비정상적으로 회의를 끝낸 상황이라 하더라도 법적으로는 하자가 없을 때이다.

기독교의 총회와 같이 폐회되는 순간부터 없어지는 성격을 띤 회의라 할지라도 회의가 정상적으로 끝났다면 '파회'라는 이름을 붙일 수 없다. '파회(罷會)'와 '폐회되는 순간부터 없어지는 성격의 회'라는 말과는 아무 상관도 없기 때문이다.

9

죄를 위하여 돌아가셨다(?)

....

1. '위하다'는 말은 목적어에 대해서 [+유익]의 의미자질을 가지고 있다.

2. '죄를 위해서'라는 표현은 '죄 자체의 유익을 위해서'라는 뜻이 된다.

3. 예수 그리스도께서는 '죄인을 위해서' 돌아가셨지 '죄'를 위해서 돌아가신 것이 아니다.

4. 한국 교회가 '죄를 위하여 돌아가셨다'는 표현을 계속해서 사용한다면 한국의 신학은 중대한 오류를 범하게 된다.

5. '죄인을 위해서'와 '죄를 위해서'는 '인'이라는 글자 하나가 있느냐의 차이이지만 그 의미상의 차이는 엄청나게 크다는 사실을 잊지 말아야 한다.

예수님께서 십자가를 지고 돌아가신 것이 과연 죄를 위해서인가?

만약 그렇다면 이는 참으로 심각한 문제가 아닐 수 없다. 왜냐하면 예수님께서 '죄의 유익을 위해서', 즉 '죄를 유익하게 하기 위해서' 돌아가셨다는 말이 되기 때문이다.

그리스도께서는 인류의 속죄를 위해서, 즉 죄인을 위하여 돌아가셨지, 죄를 위해서, 즉 죄 자체의 유익을 위해서 돌아가신 것이 아니다(변이주, 2014:128).

'위하다'는 '이롭게 하거나 돕다'. '물건이나 사람을 소중하게 여기다', '어떤 목적을 이루려고 하다' 등의 뜻을 가지고 있다(표준국어대사전). 즉 목적어에 대해서 [+유익]의 의미자질을 가지고 있다.

그럼에도 불구하고 『개정성경』에는 예수님께서 죄를 위해 돌아가셨다는 표현이 여러 차례 나온다. 우리말을 바로 알지 못한 데서 비롯된 결과이다.

『개정성경』에서 '예수 그리스도'와 '죄를 위하다'는 말이 결합된 대표적인 성경구절로 〈고전 15:3, 히 10:12, 벧전 3:18, 요일 2:2〉을 예로 들 수 있다.

그런데 같은 구절이 『성경전서 표준 새번역(이하 표준)』이나 『공동성서번역 개정판(이하 공역개)』등에서 비교적 바르게 번역된 것과는 대조를 이룬다. 이를 표로 나타내면 [표1]과 같다.

〔표1〕 '죄를 위하다' 관련 성구 비교

성경 성구	개정	표준	공역개	직역
고전 15:3	그리스도께서 우리 죄를 위하여 죽으시고	그리스도께서 우리 죄를 위하여죽으셨다는 것과	그리스도께서 우리의 죄 때문에 죽으셨다는 것과	마쉬아흐께서 우리 죄들을 위해 죽으셨고
히 10:12	그리스도는 죄를 위하여 한 영원한 제사를 드리시고	그리스도께서는 죄를 사하시려고, 오직 한 번으로 영원히 유효한 제사를 드리신 뒤에	그리스도께서는 당신 자신을 오직 한 번 희생 제물로 바치심으로써 죄를 없애주셨습니다.	한 번 죄를 위한 희생제물로 바치심으로
벧전 3:18	그리스도께서도 단번에 죄를 위하여 죽으사	그리스도께서도 죄를 사하시려고 단 한 번 결정적으로 고난을 당하셨습니다.	그리스도께서도 여러분의 죄 때문에 죽으셨습니다.	마쉬아흐께서 죄들 때문에 한 번 고난을 겪으셨으니
요일 2:2	그는 우리죄를 위한 화목제물이니 우리만 위할 뿐 아니요 온 세상의 죄를 위하심이라	그는 우리의 죄 때문에 속죄제물이 되셨으니, 우리의 죄 때문만이 아니라, 온 세상을 위하여 그렇게 되셨습니다.	그분은 우리의 죄를 용서해 주시려고 친히 제물이 되셨습니다. 우리의 죄뿐만 아니라 온 세상의 죄를 용서해 주시려고 제물이 되신 것입니다.	그분 자신이 바로 우리의 죄들을 위한 속죄제물이시니 우리뿐만 아니라 온 세상을 위한 것입니다.

[표1]에서 보는 바와 같이 『개정』이나 『직역』이 똑같이 '죄를 위하다'로 번역한 것은 헬라어 원문의 직역을 염두에 둔 결과로 생각된다.

고린도전서 15장 3절과 베드로전서 3장 18절의 원문 및 영역과(LONDON:1877) 우리말 성경(개역개정:2005)을 대조해보면 다음과 같다.

(1)
가. 고린도전서 15장 3절

Χριστὸς	ἀπέθανεν	ὑπὲρ	τῶν ἁμαρτιων ἡμων
Christ	died	for	our sins
그리스도께서	죽으시고	위하여	우리 죄를

나. 벧전 3:18

Χριστὸς	ἅπαξ	περὶ	ἁμαρτιων	ἔπαθεν
Christ	once	for	sins	suffered
그리스도께서도	단번에	위하여	죄를	죽으사

(1가)에서 우리말 '위하다'는 성경원어 'ὑπὲρ'의 번역어인데 'ὑπὲρ'은 전치사로서 속격의 지배를 받고 있다. 전치사 'ὑπὲρ'은 속격의 지배를 받을 경우 '~위에(above), 위하여(in behalf of), ~에 관하여(concerning)' 등의 뜻을 가지게 되고, 대격의 지배를 받게 되면 '~위에(over, beyond), ~이상의(more than)' 등

으로 번역된다. 그런가하면 (1나)에서 우리말 '위하다'로 번역된 성경원어는 'περί'인데 'περί'가 속격의 지배를 받을 경우 '~에 관하여(about), ~에 대하여(concerning, respecting)' 등의 뜻을 갖게 되고, 대격의 지배를 받을 경우 '근처에(about), 주변에(around)' 등으로 번역된다(헬라어소사전:1978).

우리말 '위하다'가 [+유익]의 의미자질을 가지고 있는 것처럼 헬라어 'ὑπὲρ' 역시 [+유익]의 의미자질을 가지고 있으며 영어 'for' 역시 [+유익]의 의미자질을 가지고 있다(엣센스영한사전: 1992).

재론하거니와 그리스도께서 십자가에서 돌아가신 것은 죄의 유익을 위해서가 아니므로 고전 15:3이나 벧전 3:18을 '죄를 위해서'로 번역하면 오역이 된다.

이는 마땅히 『표준』이나 『공역개』처럼 '죄 때문에', '죄를 사하시려고'처럼 번역하거나 혹은 '속죄를 위하여' 등과 같이 번역해야 한다.

『개정』이나 『직역』이 헬라어 원문의 직역을 염두에 두고 번역을 시도했다 하더라도 단어가 가지고 있는 의미자질을 고려하지 않은 채 기본적인 뜻만을 적용한 것은 크나큰 실수라고 하지 않을 수 없다.

10

기도 인도

1. '인도'의 기본적인 뜻은 '이끎'과 '안내'이다.

2. '기도'는 누구의 이끎이나 안내에 따라서 하는 것이 아니다. 성령님의 감동하심에 따라 자신이 직접 하나님께 아뢰는 것이다. 다만 통성기도나 기도회 등은 인도자의 이끎이나 안내에 따라 진행될 수 있다.

3. '예배 인도'나 '찬송 인도', '기도회 인도' 등은 가능하나 '기도 인도'라는 말은 불합리하다.

4. 자신이 평소에 알고 있던 지식이나 상식이 사실은 오해나 편견일 가능성은 얼마든지 있다. 특히 지도자들에게 있어서 정확한 지식은 생명과도 같다는 사실을 깊이 인식해야 될 것이다.

최근 들어 우리말 바로 쓰기 운동이 활발하게 펼쳐지고 있다. 대단히 반갑고 감사한 일이다. 그런데 전문성이 부족하여 더 깊은 연구를 필요로 하는 부분들이 많다.

　그 중에는 '대표 기도'를 '기도 인도'로 고쳐야 한다는 의견들이 있고 또 많은 교회에서 그렇게들 쓰고 있다.[25] 그러나 이는 재고를 요하는 처사라 하겠다.

　먼저 '인도(引導)'의 뜻풀이를 사전에서 찾아보면 다음과 같다.

---

25) 인터넷〈blog.daum.net/gro7788/979 2012.11.06〉에는 아래와 같은 내용의 글이 올라있다. 대표 기도 ⇒ 기도 인도
　예배 순서 가운데 기도 시간이 되면 예배 인도자가 "우리를 대표해서 OOO님이 기도하시겠습니다.", "우리를 대신해서 OOO님이 기도하시겠습니다.", "OOO님이 대표 기도를 하시겠습니다."와 같은 안내를 하는 것을 볼 수 있는데 이것은 적절한 표현이 못된다.
　온 회중이 머리를 숙여 무언의 기도를 할 때 한 사람이 소리를 내어 기도를 할 경우 우리는 이를 '기도 인도'라 부르는 것이 좋다. 기도 인도자는 기도의 대표자가 아니다. 이 기도 인도자는 그와 함께 머리를 숙인 다른 사람들과 분리될 수 없다.
　시간적으로나 공간적으로 또는 생각까지도 그들과 결코 분리될 수 없다. 기도 인도자는 대표로 뽑힌 어느 운동 선수와는 다르다. 그는 대표로 자신의 생각을 피력하는 것이 아니며 그와 함께 머리를 숙인 온 회중의 생각을, 즉 그들의 소원을 보다 깊게, 보다 하나님 뜻에 맞게, 아울러 그 절차를 정리해 주는 역할을 맡은 사람이다.
　기도 인도자가 기도할 때 회중은 결코 방관자가 되어서는 안 된다. 사람들에게는 대표성이 인정될 수 있다. 그러나 어떤 경우에도 하나님에게는 대표성이 인정될 수 없다. 만인제사장의 사상은 하나님 앞에 대표성을 인정하지 않는 신학사상이다.
　이러한 관점에서도 기도에 있어서 '대표', '대신'은 불가하다. 그러므로 '대표기도', '대신하여 기도'는 '기도 인도'로 바꾸는 것이 바람직하다.(제86회 / 2001년)

(1)

가. 연세한국어사전(연세대학교언어정보개발연구원, 2002.

　① 가르쳐 일깨우는 것.

　② 길을 안내하는 것.

　③ (종교에서) 종교적 깨달음을 주어 그 종교에 귀의하게

　　하는 것.

나. 표준국어대사전(국립국어연구원, 1999.)

　① 이끌어 지도함.

　② 길이나 장소를 안내함.

　③ (불교) 미혹한 중생을 깨달음의 길로 들어서게 함.

　④ (불교) 장례절차의 하나. 죽은 사람을 깨달음의 세계로

　　제도 하기 위하여 관 앞에서 하는 설법이다.

다. 국어대사전(민중서관, 2000.)

　① 가르쳐 이끎. leading

　② 길을 안내함. guidance

　③ (불교) 미혹한 중생을 이끌어 오도에 들게 함.

　④ 죽은 사람을 장사지내기 전에 중이 관 앞에서 설법하는

　　일.

　⑤ 사람을 가르쳐 불도로 안내함.

사전의 풀이에서 보듯 '인도'의 기본적인 뜻은 '이끎'과 '안내'
이다. 만약 '인도(引導)'를 종교 용어로 끌고 갈 경우 기독교는
불교 용어를 차용하여 쓰는 꼴이 된다. 그러나 『연세한국어사전』
이 풀이한 것처럼 '불교 용어'에서 범위를 확대하여 '종교 용어'
의 개념으로 본다면 교회에서 사용하는데도 문제는 없을 것이다.

예배드릴 때, 경우에 따라서 온 회중이 다 함께 기도할 수도 있
지만 대개 선택된 한 사람이 회중을 대신해서 기도하는 것이 상
례이다. 이때 기도자의 자기표현은 '저희' 혹은 '저희들'과 같은
1인칭 복수이다. 이는 대표성을 띤 행위이다. 그러므로 '이끎과
안내'의 뜻을 품은 '기도 인도'라고 쓰는 것은 적절하지 못하다.
  혹 '기도회 인도'나 '기도 모임 인도' 등의 표현은 가능하다. 또
한 '예배 인도' 혹은 '찬송 인도' 역시 아무 문제가 없다. 예배 인
도자나 찬송 인도자는 그 예배나 찬송하는 일을 처음부터 끝까
지 주관하여 이끌어가기 때문이다.

그러나 아무리 너그럽게 봐준다 해도 '기도 인도'는 적절한 표
현이 아니다. 혹 '대표 기도'라고 하면 회중이 제외되는 느낌이
들기 때문에 불가하다고 주장하는 이가 있지만 '대표'라는 말 중
에는 배후에 있는 모든 사람이 다 포함되기 때문에 대표자의 기
도는 곧 회중의 기도가 되는 것이다. 더구나 기도 끝에 모든 회중
이 "아멘"으로 화답하기 때문에 각자가 기도한 효력을 발휘하게

된다.

  그래도 '대표 기도'를 인정할 수 없다면 그냥 '기도'라고 하는 것이 합당할 것이다. 아무튼 '기도 인도'는 불합리한 표현이다.

11

참조

. . . .

공문서에서 '참조'란 이런 때 쓰이는 말이다.

1. 앞서 보낸 공문이 있을 경우

예를 들어서

〈참조: 알곡제1호(06. 7. 2.)〉

⇒ 2006년 7월 2일 보낸 공문 「알곡제1호」를 참고하라는
뜻이다.

2. 수신처가 지정 되어 있을 경우

예를 들어서

〈참조: 수신처 참조.〉

⇒ 총회 산하 노회나 지교회 전체에 보내는 공문이 아니라 몇
몇 노회나 지교회에 선별적으로 보내는 공문이니 공문을 수
령할 단체가 맞는지 참고하라는 뜻이다.

다음은 어느 교단 회의록에 실린 헌의안 내용이다. 발신인은 노회장으로 되어 있고 참조사항이 총회서기(총무)와 헌의부장으로 되어 있다.

(1) ○○노회제2011-27호
　　　수신: 총회장
　　　참조: 총회서기(총무), 헌의부장
　　　제목: 총회장 선출방법 개선에 관한 건

일반 상식으로 생각할 때 ○○노회 노회장은 총회장에게 총회장 선출방법 개선에 관해서 무엇을 참조하라는 것인지 이해가 되지 않는다. 무엇인지는 몰라도 총회서기나 총무, 헌의부장을 참조하라는 것인지, 총회서기나 총무, 헌의부장도 이 공문을 참조하라는 것인지 알 수가 없다.

일반적으로 목회자들은 행정절차나 서식 등에 밝지 못한 것이 사실이다. 일반 공직 경험도 없을 수 있고, 행정절차나 서식에 대해서 배울 기회도 별로 없기 때문이다.

그렇다고 해서 총회록과 같이 비중이 큰 문서를 격식이나 상식을 무시한 채 소견에 좋은 대로 작성한다는 건 교회의 위상을 실추시키는 행위가 아닐 수 없다.

교단에서는 특별 교육을 통해서라도 산하 단체 회원들이 최소한의 상식이라도 갖출 수 있도록 배려해야 할 것이다. 공문서에서 '참조'는 일반적으로 이런 때 사용하는 것이 원칙이다.

(2)
가. 앞서 보낸 공문이 있을 경우⇒ 참조: 알곡제1호(06. 7. 2.).
나. 수신처가 지정 되어 있을 경우 ⇒ 참조: 수신처 참조.

(2가)는 2006년 7월 2일 보낸 공문 「알곡제1호」를 참고 하라는 뜻이며 (2나)는 총회 산하 노회나 지교회 전체에 보내는 공문이 아니라 몇몇 노회나 지교회에 선별적으로 보내는 공문이니 공문을 수령할 단체가 맞는지 참고하라는 뜻이다.

이럴 경우에는 '수신'란에 '수신처 참조'라 하고 공문 하단에 '수신처: ○○교회, △△교회, ××교회'와 같이 수신처를 지정해 주는 것이다.

(1)에서처럼 '참조: 총회서기(총무), 헌의부장'과 같은 공문은 총회장에게 이래라 저래라 간섭하는 꼴이 되어 무례가 된다. 공문을 받은 단체장은 공문을 어느 부서로 보낼 것인지 알아서 처리할 터이므로 구태여 남의 단체에 어느 부서에서 처리하라고 간섭할 이유가 없는 것이다.

12

값없는 사랑

'값없다'는 말은 긍정적 의미와 부정적 의미를 공유한 단어이다.

(1)

가. 물건 따위가 너무 흔하여 가치가 별로 없다.

나. 물건이 값을 칠 수 없을 정도로 아주 귀하고 가치가 높다.

다. 보람이나 대가 따위가 없다.

(2) '값없는 하나님의 사랑'이라고 표현하면 하나님의 사랑이 별 가치가 없다는 의미의 해석이 가능하지만 '값없이 주신 하나님의 사랑'이라고 하면 하나님께서 엄청난 값어치의 사랑을 거저 주셨다는 의미가 된다.

(3) (1나)의 의미로 나타내고자 할 때 오해의 소지를 없애기 위해서는 형용사(값없는) 대신 부사(값없이)를 사용하는 것이 바람직하다.

아래 (1가)는 ○○신학대학원 소식지 3월호에 실린 내용이고 (1나)는 한 성경연구 시리즈 권14에 실린 내용이며, (1다)는 해설찬송가 418장에 대한 해설 내용이다.

(1)

가. 내가 다시 주의를 그분께로 돌려 믿음의 대상인 그리스도와 하나님의 값없는 사랑에 대한 믿음으로 살기까지는 7년의 세월이 걸렸다.

나. 특히 바울은 그리스도 밖에 있는 삶의 비참함과 하나님의 풍성하신 은혜를 대비시키면서 당신의 값없는 구원이 택한 백성들에게 어떠한 결과를 가져왔는가를 간결하게 기술하고 있다.

다. 하나님의 사랑은 가장 온전하고 가장 값없는 사랑이시다.

(1)의 표현대로라면 하나님의 사랑이나 은혜, 구원 등이 값이 없는, 즉 무가치한 것이라는 해석이 가능해진다.

'값없다'는 말은 긍정적 의미와 부정적 의미를 공유한 단어이다. 표준국어대사전에는 (2)와 같이 풀이되어 있다.

(2)

가. 물건 따위가 너무 흔하여 가치가 별로 없다.

나. 물건이 값을 칠 수 없을 정도로 아주 귀하고 가치가 높다.

다. 보람이나 대가 따위가 없다.

'값없다'는 말은 문맥에 따라서 긍정적 의미로 쓰일 수 있고 부정적 의미로도 쓰일 수 있다. '값없이'라는 부사로 쓰일 때는 '보람이나 대가 따위가 없이'라는 뜻만 가지게 된다.

예를 들어서 '값없는 하나님의 사랑'이라고 표현하면 하나님의 사랑이 별 가치가 없다는 의미의 해석이 가능하지만 '값없이 주신 하나님의 사랑'이라고 하면 하나님께서 엄청난 값어치의 사랑을 거저 주셨다는 의미가 된다.

물론 하나님은 사랑의 하나님이시고 그 사랑이 무한하시다는 것은 설명을 필요로 하지 않는다. 따라서 '하나님의 값없는 사랑'은 (2나)의 뜻을 함유한다는 주장을 펼칠 수도 있을 것이다.

그러나 우리 주위에는 하나님에 대해서 부정적으로만 보는 시각이 얼마든지 있다는 것을 감안한다면 오해의 소지를 사전에 제거한 표현을 선택하여 쓰는 것이 바람직하다.

문장과 단어에 주의를 기울지 않는 것이 얼마나 위험한 일인지는 (1나)를 통해서도 알 수 있다. (1나)를 다시 옮겨본다.

(3)

가. 특히 바울은 그리스도 밖에 있는 삶의 비참함과 하나님의 풍성 하신 은혜를 대비시키면서 당신의 값없는 구원이 택한 백성들에게 어떠한 결과를 가져왔는가를 간결하게 기술하고 있다.

나. 특히 바울은 그리스도 밖에 있는 삶의 비참함과 하나님의 풍성 하신 은혜를 대비시키면서 바울의 값없는 구원이 택한 백성들에 게 어떠한 결과를 가져왔는가를 간결하게 기술하고 있다.

(3가)는 (1나)를 다시 옮겨온 것인데 (3가)에서 '당신'은 재귀사로서 주어인 '바울'을 가리킨다. (3나)와 같이 '당신'을 '바울'로 대치하고 보면 이상한 문장이 돼버리고 만다.

재귀사를 잘못 쓴 바람에 바울이 그리스도로 둔갑해 버리고 말았다. 즉 인류의 구원을 위해 값도 없이 보혈을 흘려주신 이가 그리스도가 아닌 바울이 돼 버린 것이다.

글을 쓸 때에는 단어 하나, 글자 하나, 심지어 받침 하나에까지 세심한 주의를 기울이지 않으면 안 되는 이유가 여기 있는 것이다.

13

'사역'의 오용에 대한 고찰

. . . .

1. '사역(使役)'의 사전적 의미는 '사람을 부리어 일을 시킴. 또는 시킴을 받아 어떤 작업을 함'이다.
2. '사역'의 영어번역어는 'employment'이다. 우리말의 다른 표현은 '고용'이며, 한자 표기는 '雇用(보수를 주고 사람을 부림)', '雇傭(보수를 받고 남의 일을 하여 줌)'이다.
3. 그런데 우리 개신교에서는 '사역(使役)'을 임의대로 'ministry'로 영역하여 사용하고 있다.
4. '하나님 사역, 예수님의 사역, 성령님의 사역' 등 이러한 용어들은 창조주 하나님을 피조물로 바꾸어 놓는 '신성모독'의 말이다.
5. 어떤 단어의 뜻풀이는 사전에 의존하지 않고 자의적으로 해석할 때 엄청난 오류가 발생할 수 있음을 명심하자.

말을 할 때나 글을 쓸 때 하나의 어휘를 적절하게 선택하여 사용하는 일은 생각만치 쉽지 않다. 적절한 어휘를 적재적소에 배열했을 때 말이나 글은 제 구실을 다할 것이지만 그렇지 못할 경우 의사소통에 심각한 문제가 발생할 수 있다.

　우리 주변에서 어떤 어휘의 의미나 용법을 정확하게 알지 못하고 잘못 골라 쓰는 경우를 쉽게 발견할 수 있다. 단어는 문장 중의 다른 요소와 어울릴 때 선택상의 제약을 받는 경우가 있다. 어휘를 잘못 고른다든가 문법 관계를 제대로 알지 못할 때, 그리고 의미상의 호응관계를 소홀히 다룰 경우 이런 현상이 일어난다.

　단어가 지닌 독특한 의미자질은 그 단어와 결합하여 명사구나 동사구를 만들 때에 특정한 부류의 어휘만을 받아들인다. 이것을 의미상의 선택 제약이라고 하는데, 좋지 않은 문장을 보면 어구 구성에서 이러한 의미상의 선택 제약이 무시되어 있다. 이처럼 조심성 없는 문장은 스스로 글의 값어치를 떨어뜨릴 뿐 아니라 문장에 대해 이해가 부족한 사람들에게 한국의 문장은 이렇게 함부로 써도 괜찮은 것이구나 하는 잘못된 인식을 심어주기까지 한다(심재기·윤용식, 1994:75-76),

최근 들어 개신교에서 자의적으로 편리하게 사용하는 말이 많은데 그 중의 하나가 '사역(使役)'이다.

1. 사역의 의미

사역의 사전적 의미는 아래와 같다(표준국어대사전).

(1)
ㄱ. 사람을 부리어 일을 시킴. 또는 시킴을 받아 어떤 작업을 함.
ㄴ. 사환03(使喚)「1」.
ㄷ. 『군사』본래의 임무 이외에 임시로 하는 잡무.
ㄹ. 『언어』=사동02(使動).

국어사전이 제시하는 '사역'의 영문 번역어는 'employme-nt'이고[26] 'employment'의 대표적인 뜻은 '고용(雇傭)'이다. 'employ'의 사전적 풀이에서 가장 두드러진 것은 '고용인을 부리

---

26) 『한국어대사전』(1976, 현암사), 『새국어대사전』(1975, 한영출판사), 『우리말대사전』(1995, 우리말사전 편찬회), 『신영한대사전』(2003, 교학사) 등에 '사역'의 영문 번역어가 'employment'로 제시되어 있다. 그뿐만 아니라 성경사전(2000: 741)에도 '사역하다'를 'employment'로 영역하고 '남을 써서 일을 시키다. 이스라엘 백성들은 가나안 거민에게 사역을 시켰다.'고 풀이했다.

고 있다.'는 점이 강조된다는 사실이며 '고용(雇傭)'의 뜻은 '삯을 받고 남의 일을 해줌'이다.

이상 사전적 의미를 참고로 하여 살펴볼 때 사역이라는 단어 속에는 다음과 같은 속뜻이 들어 있음을 알 수 있다(변이주, 2014:52).

(2)
ㄱ. 자의나 자율보다는 타의 및 타율에 의해 일함.
ㄴ. 일의 범위는 극히 제한적이며 단순함.
ㄷ. 봉사의 뜻은 없음.
ㄹ. 성직수행 관련 용어로는 합당치 않음.

따라서 '사역'은 교회의 공적 일꾼이 감당하는 일을 나타내기에는 부적절한 말이며 '사역자' 또한 교회의 공적 일꾼을 표현하는 데는 적절하지 못한 말이다. 그럼에도 불구하고 한국 개신교에서는 이 용어를 본뜻에 따르지 않고 임의로 사용하고 있다.

『청지기 성경사전(2002)』에는 '사역(使役)'을 'tribute'으로 영역했으며, '부리어 일을 시키거나 시키는 일을 하는 것을 가리키는 말로, 일종의 강제 노동을 말한다. 이스라엘 백성들은 가나안을 정복하고 강성해진 후에, 가나안 사람들에게 사역을 시켰다.'고 설명했다. 그런가하면 '사역자(使役者)'를 'minister'로 영역하고, '쓰임 받는 자를 가리키는 말로, 성경에는 이 말이 하나님께 쓰이는 천사와 복음 선교사에 대해 썼다(시 104:4, 고전 3:5, 히 1:7). 후에는 교회의 공적 일꾼인 집사를 가리키는 말로 사용되었고(빌 1:1, 딤전 3:8, 12), 주님에 대한 종속관계를 나타낸다.'고 풀이했다.

'사역'이 오용되는 가장 큰 원인은 이처럼 'employment'로 번역해야 할 것을 'ministry' 혹은 'work'로 오역하는데 있다.

이송관(1998)은 '사역(ministry)이란 일꾼의 뜻으로서 섬김, 봉사, 헌신 이 세 말을 다 포함한 말'이라고 오역했고, 기독교 관련 논문에서도 '사역'을'ministry' 혹은 'work'로 오역한 예를 쉽게 찾아볼 수 있다. 그러다보니 '사역'이 남용되어 불필요하게 삽입된 경우도 있으며 '사역'과 '역사'를 혼동하여 쓴 경우도 나타난다.

2. '사역'의 오용

2.1. '사역'을 'ministry' 혹은 'work'로 오역한 경우

기독교 관련 논문이나 글에서 '사역'을 'employment'로 바르게 영역한 경우는 거의 없다. 대부분의 경우 'ministry'혹은 'work'로 번역했다. 몇몇 학위논문 제목에서 그 예를 찾아본다.

(3)

ㄱ. 치유사역을 통한 목회 활성화 방안: 신가운암교회의 목회활동을 중심으로 = (A)suggestion to vitalize pastoral activities through healng ministry: based on the life and work of Sing a Unam presbyterian church(김한웅, 2013, 호남신학대학교 대학원 박사논문)

ㄴ. 전도사역을 통한 한국교회의 회복 방안= Methods for restoration of Korean churches through evangelism ministry(장일 권, 2014, 총신대학교 목회신학전문대학원 박사논문)

ㄷ. 한국교회 사역활성화를 위한 코칭리더십의 타당성 연구: 꿈의교 회를 중심으로 = (A)study on the validity of coaching readership for energizing the ministries of the churches in Korea: based on the case study of dream methodist church (김석형, 2014, 호서대학교 대학원 박사논문)

ㄹ. 부흥운동의 관점에서 본 성령의 은사 사역 이해와 은사 Network를 통한 교회성장 방안 = Understanding of the work of gifts of the holy spirit in the perspective of the revival movements and methods for church development through the network of the spiritual gifts(이영수, 2014, 총신대학교 목회신학전문 대학원 박사논문)

ㅁ. 이사야서의 나타난 성령의 사역 = (The)works of holy spiritin the book of Isaiah(강상우, 2014, 안양대학교 신학대학원석사논문)

이상 다섯 편의 논문 제목을 살펴보았거니와 이외에도 신학과 관련된 논문 거의 모두에서 '사역'을 'ministry' 혹은 'work'로 번역했다.
그러나 이는 외국어 번역을 사전에 의존하지 않고 지나치게 자의적으로 해석한데서 비롯된 오류이다.
'ministry'의 우리말 풀이는 다음과 같다(Essens English-Korean Dictionary).

(4)
ㄱ. 성직, 목사로서의 임무[성무(聖務)]
ㄴ. [集合的] 목사(들), 성직자
ㄷ. (장관이 통할하는) 부(部), 성(省)
ㄹ. 장관의 직무[임기]
ㅁ. (the~) 내각, [集合的] 장관(들)
ㅂ. 공사단(公使團)
ㅅ. 봉사, 보좌, 구조

위에서 보듯 직무로서의 'ministry'가 품고 있는 의미적 특질은 [+존귀]이다. 따라서 [-존귀]의 의미적 특질을 지닌 '사역'을 'ministry'로 번역하면 오역이 된다.

한편 'work'의 우리말풀이는 다음과 같다(Essens English-Korean Dictionary).

(5)

ㄱ. 일, 작업, 노동

ㄴ. (해야 하는) 일, 업무, 과업

ㄷ. 소행, 일하는 품: 솜씨, [신학] 의로운 행위

ㄹ. 세공, 가공, 제작

특히 'work'가 신학과 연관 되어 쓰일 때는 '의로운 행위'가 되어 이 또한 [+존귀]의 의미적 특질을 지니게 된다. 따라서 'work'를 'employment'의 번역어인 '사역'으로 표현하면 오역이 된다.[27] 이는 마치 막노동을 하는 사람을 'businessman'으로 표현한 것과 같이 합당하지 못한 것이다.

---

27) 'work'와 연관된 말들을 비교하면 다음과 같다.
① occupation= 사람의 시간, 관심, 정력을 차지하는 뜻으로서의 일.
② employment= 고용자와 피고용자와의 고용관계, 계약, 임금 등을 중심으로 해서 본 일.
③ business= 주로 상업, 서비스업에 쓰이는 일.
④ pursuit= 자기의 일생을 건 직업으로서의 일.
⑤ profession= 학문적 소양이 필요한 지적 직업.
⑥ job= 임금을 받을 것을 전제로 한 일.
⑦ trade= 주로 숙련을 요구하는 직업.

2.2. '사역'이 불필요하게 삽입된 경우

간단명료한 표현이 문장을 이해하는데 큰 도움이 된다. 불필요한 말이 삽입될 경우 의미가 왜곡되거나 노력과 시간이 낭비될 수도 있다. '사역'이 불필요하게 삽입된 경우를 몇몇 학위논문 제목에서 찾아본다.

(6)

ㄱ. 한국교회 축사사역을 위한 성경적 원리와 실행 방안 = Biblical Principle and Execution Method for Deliverance in Korean Churches(양희형, 2012 침례신학대학교 목회신학대학원 박사 논문).

ㄴ. 선교지에서의 전문인사역 훈련사역 연구: 민다나오를 중심으로 (김광전, 2014, 총신대학교 선교대학원 석사논문).

(6ㄱ)의 '축사사역'에서 '사역'은 불필요하게 삽입된 말이다. '축사(逐邪)'란 '요사스러운 기운이나 귀신을 물리쳐 내쫓다'는 뜻이다(표준국어대사전). '사역'을 뺀 '축사를 위한 성경적 원리와 실행 방안'이라고 하면 의미가 아주 명료해진다.

(6ㄴ)에서는 '전문인사역 훈련사역'이 무엇을 뜻하는지 개념조차 파악하기 어렵다. '전문인'이란 본 논문 용어정의에서 밝힌 전

문인 선교사[28]를 뜻하는 것으로 이해가 되는데, 그럴 경우 '전문인사역 훈련사역'이 뜻하는 바는 '전문인 선교사의 사역을 훈련시키는 사역'이라고 풀이할 수 있을 터이다. 그렇다면 '전문인사역'에서 '사역'을 뺀 '전문인 훈련사역'이라고 하든지 그렇지 않으면 '전문인 선교사 훈련사역'이라고 해야 이해하기가 쉬울 것이다. 물론 '사역'도 다른 말로 대체해야 될 것이다.

'사역'이 불필요하게 삽입된 경우는 이 외에도 여러 곳에서 찾아볼 수 있다. '자카르타 반둥 람뿡 등지에서 선교사역하고 있는…(기독교개혁신문 689호 2면)'을 비롯하여 '목사는 노회의 안수로 임직(任職)을 받아 그리스도의 복음을 전파하고 성례를 거행하며 교회를 치리하는 일에 수종드는 자이다. 성경에는 이 직무의 사역에 관한 명칭이 여러 가지로 나타난다(헌법, 2010:272).' 등에서 볼 수 있듯이 '사역'을 빼버려야 문장이 명료해지는 경우가 허다하다.

2.3. '사역'과 '역사'를 동의관계로 오해한 경우

음운적으로 서로 다른 단어가 동일하거나 매우 비슷한 의미를 가지고 있는 의미관계를 동의관계라 한다. 그리고 동의관계에 있

---

28) 본 논문에서는 전문인 선교사를 '신분(목회자와 평신도)과 후원(정기 후원과 자비량)의 구분 없이 자신의 전문적인 직업이나 기술을 가지고 삶의 현장에서 전문적인 사역을 하고 있는 그리스도인'으로 정의했다(10쪽).

는 단어의 무리들을 동의어라고 한다(윤평현, 2010:126).

한자어로 된 낱말 중에는 앞뒤의 말을 바꾸어 배열해도 의미가 달라지지 않는 말들이 있다. 예를 들면 '관련(關聯)과 연관(聯關), 단련(鍛鍊)과 연단(鍊鍛), 성품(性品)과 품성(品性)'등이 이에 속한다.

이를 근거로 하여 '사역'과 '역사' 또한 동의관계에 있는 단어로 생각하기 쉬우나 이는 오해에서 비롯된 것이다. 두 낱말은 한자 표기가 다르다.[29] 따라서 의미도 다르다. '역사(役事)'의 뜻은 다음과 같다(표준국어대사전).

(7)

ㄱ.『건설』토목이나 건축 따위의 공사.

ㄴ.『기독교』하나님이 일함. 또는 그런 일.

ㄷ.『북한어』육체적 힘을 들여서 하는 일을 통틀어 이르는 말.

'역사'와 '사역'은 동의관계의 말로 사용할 수 없는 용어임에도 불구하고 이를 무시한 용례가 학위논문에 나타난다.

(8)

ㄱ. 은사 사역은 이처럼 예수 그리스도의 몸인 교회를 세우는

---

29) '사역'의 한자 표기는 '使役'이며, '역사'의 한자 표기는 '役事'이다.

성령 사역의 틀 안에 있는 것으로 성경적으로나 신학적으로나 그리고 역사적으로 검증된 중요한 사역이다. 미국 제 1차 대각성운동의 논쟁점을 통해서 얻은 결론은 성령의 부어주심을 추구하되 성령 의 신비한 체험들에 대해서 두려워하지 말라는 것이다. 그러나 여기에는 사탄의 방해도 예상 되는바 이런 사탄의 방해공작으로 인해 성령의 역사가 성도들의 관심 밖으로 밀려나지 않도록 해 야 한다(이영수, 2014: viii).

ㄴ. 신약에서 성령의 역사는 공간적으로 보편화되었다. 사회적 측면에서 지위의 고하나 집단이나 종족의 구별 없이 성령이 사역하기 시작하였다(노홍식, 2013: 25).

(8ㄱ,ㄴ)에서는 '사역'을 '역사'로 바꾸거나 다른 말로 바꿔야 일관성 있는 문장이 된다.

2.4. 다른 용어로 대체할 필요가 있는 경우

한국 개신교에서는 '사역'이라는 말을 약방의 감초처럼 두루뭉술하게 사용하고 있다. 하지만 이는 사역의 정확한 의미를 모르는데서 비롯된 결과이거나 아니면 편의주의나 실용주의의 영향

때문이라고 생각한다.[30]

어휘의 선택은 앞뒤에 연결된 다른 낱말과의 의미관계를 만족시켜야 바르게 된 것이라고 할 수 있다. 그러므로 적절한 낱말을 골라 쓰는 것은 문법적인 문장을 쓰는 것만큼 중요하다. 글 쓴 사람의 인품이나 지식 정도는 결국 사용된 낱말이 반영하기 때문이다(심재기 · 윤용식, 1994:75).

다음 문장에 쓰인 '사역'들은 다른 말로 바꾸어 써야 의미관계를 만족시킬 수 있다.

(9)

ㄱ. 이렇게 된 이유에는 여러 가지가 있지만 그 중의 하나는 말씀 사역과 기도 사역의 충돌이라고 할 수 있다. 교역자들을 중심으 로 한 말씀 사역과 평신도들을 중심으로 한 기도 사역이 조화를 이루지 못하고 긴장 관계가 형성되었다(이영수: 1)

ㄴ. 요셉은 예언과 지혜의 은사로 이집트의 점술가와 현인들이 해석하지 못하는 바로의 꿈을 해석했다. 이 모든 일은 요셉이 펼친 은사 사역의 결과인 것이다(이영수: 28).

---

30) 어떤 일을 근본적으로 처리하지 아니하고 임시로 대충 처리하는 방법을 편의주의라고 한다. 또한 자기와 타인과의 관계, 자기와 피조물과의 관계에서 유용하다고 생각되는 것은 다 옳다고 보는 것이 실용주의이다. 실용주의는 실제적 효과, 즉 유용성이 있는 것은 무엇이든지 참된 관념이라고 한다. 그러나 이것은 그 반대가 옳다. 참된 관념이라야 실제적 효과, 즉 유용성이 있기 때문이다(M · Fakkema, 1982:35).

ㄷ. 빌립은 사마리아에서 복음을 전하면서 병 고치는 은사로 사역하였다. … 특히 바울은 베드로처럼 치유와 귀신을 쫓아내는 은사로 사역하였다(이영수: 34).

(9ㄱ)에서 '말씀 사역'과 '기도 사역'은 '말씀 운동', '기도 운동' 등으로 바꾸어야 의미가 명확하게 드러난다. '운동'이란 '어떤 목적을 이루려고 힘쓰는 일. 또는 그런 활동'을 뜻하는 말로서 '절약 운동을 벌이다/한 아이 낳기 운동이 벌어지다/언니는 평화통일 운동에 참여하였다'등과 같이 활용되기 때문이다(표준국어대사전). (9ㄴ)의 '은사 사역'은 '은사 활용', 혹은 '은사 적용' 등으로 표현해야 올바른 문장이 된다. '활용'이란 '충분히 잘 이용'한다는 뜻이며, '적용'은 '알맞게 이용하거나 맞추어'쓴다는 뜻이다(표준국어대사전). (9ㄷ)의 '은사로 사역하였다'는 '은사로 섬겼다'로 바꾸거나 아니면 다른 말로 표현하는 것이 좋을 것이다.

3. 나가는 말

기독교개혁신보 제353호(2004. 6. 12.) 시론란에는 기독노조 결성을 개탄하는 글이 실려 있다.

(10) 나는 이 기사를 보면서 참담한 생각이 들었다. 어쩌다가 교회의

사역자들이 스스로를 노동자로들 여기게 되었나 하는 생각 때문이다. … 교역자들도 모두 월급을 받아 생활하는 노동자라고 생각한 것임이 분명하다. … 그럼에도 불구하고 교회 안에서 사역을 감당하는 교역자나 성도들이 스스로를 일하고 삯을 받는 노동자로 여기는 것은 결코 작은 문제가 아니다.

국어사전에 따르면 노동자가 하는 일이 사역이므로 사역자와 노동자는 동의관계에 있다.

위의 글에서는 교회의 일꾼들을 '사역자'로 표현했다. 그 표현은 교회의 일꾼들이 노동자임을 스스로 인정한 말이 된다. 따라서 교회 안에서 교역자나 성도들이 감당하고 있는 일을 '사역'이라는 말로 표현한다면, 스스로를, 일하고 삯을 받는 노동자로 여기는 것은 결코 작은 문제나 참담한 일이 아니다. 오히려 당연한 일이다. 또한 그런 사람들이 노조를 결성했다면 그건 이상한 일도 아니고 탓할 일도 아니다.

그런가하면 '모든 목회자는 고용인이 아니다. 모든 목회자는 주인은 더더욱 아니다'고 하면서도 '신학 수업은 말씀 사역을 맡기신 주의 종으로 준비되는 과정이다'는 주장을 펼치는 이도 있다. 앞뒤가 맞지 않는 논리이다.

위 글들은 한국 교회에서 무분별하게 사용하는 '사역'의 오해 내지 오용의 정도가 얼마나 심각한가를 단적으로 보여주는 예라 하겠다. 따라서 한국 교회가 정작 참담하게 여기고 스스로 반성해야 할 것은 우리말에 대한 지나친 무관심이라고 생각한다. '하나님의 사역', '예수님의 사역', '성령님의 사역'- 이러한 용어들은 창조주 하나님을 피조물로 바꾸어 놓는 '신성모독'의 말이기 때문이다.

14

목사 축도와
목사님 축도

. . . .

1. 어떤 경우에 존칭접미사 '-님'을 붙이고, 어떤 경우에 생략하
   는지, 정확하게 알고 있는 사람이 매우 적다.
2. 주로 기독교인이 모인 집회에서는 '목사님'이라고 해야 한다.
3. 비기독교인도 참석한 강연회나 방송 등에서는 기독교 방송일
   지라도 '목사'라고 해야 한다.
4. 예배 시간에는 두 말할 필요도 없이 '목사님'이라고 해야 한
   다.
5. 우리말에 대한 정확한 지식도 없이 함부로 의견을 발표하는
   것은 여러 사람을 미혹하는 위험한 일이다. 삼가 조심해야 한
   다.

. . . .

다음은 예배나 교회 행사에서 사회자가 목사를 호칭할 때 '목사님'이라고 해야 할 것인가 아니면 '님'을 빼고 그냥 '목사'라고 해야 할 것인가에 대한 답변이다(이송관, 1998:93). 그런데 문제는 잘못된 답변을 그대로 믿은 사람들의 실생활에서 결례를 범하는 사례가 발생한다는 사실이다.

(1)
가. 목사님 축도로 예배를 마치겠습니다.
나. 교인 개인이 부를 때는 '목사님'이지만, 공식석상에서는 '목사 님'이 아니라 '목사'라고 해야 합니다.

예배 시간에 사회자가 (1가)처럼 '목사님 축도로 예배를 마치겠습니다.'라고 하는 것은 극히 당연한 일이다. (1나)도 부분적으로는 맞는 말이다. 그러면 무엇이 문제인가?
(1나)는 국어 대우법의 원리에 대해 이해가 부족한 가운데 글을 썼기 때문에 문제가 생겼다. 국어 대우법에는 몇 가지의 원리가 있는데 ① 청자 중심주의와 화자 중심주의 ② 자기 낮춤원칙 ③ 다자(多者) 최우선원칙 ④ 존대파급원리 ⑤ 일관성의 원리 등

을 들 수 있다(임홍빈 · 장소원, 1995: 374-378). (1나)는 국어 대우법의 원리 중 '③ 다자(多者) 최우선원칙'에 부합되는 내용이다.

(2) '다자(多者) 최우선원칙'이란 대중 앞에서 대중을 상대로 이야기할 때에는 화자가 존귀한 인물로 생각하는 인물을 언급할 때라도 그 인물에 대하여 높임법을 쓰지 않는 것이 원칙이다.

여기까지만 생각한다면 위의 주장대로 '목사님'이 아니라 '목사'라고 해야 한다. 그러나 '다자(多者) 최우선원칙'에는 다음과 같은 단서가 따른다.

(3) 대중이란 동질적 집단이 아닐 때를 뜻한다.

즉 동질적인 집단일 경우에는 다자 최우선원칙이 적용되지 않는 것이다. 동질적인 집단이란 '일정한 위계질서가 확립되어 있는 집단'을 뜻하는 것이므로, 예배에 참석한 사람들은 모두가 동질적 집단에 해당된다. 혹시 기독교인이 아닌 사람이 많이 섞여 있는 경우라 할지라도 그 자리가 예배드리는 자리라면 일단은 동질적인 집단으로 보아야 한다.
그러므로 예배 시에 '목사 축도로 예배를 마치겠습니다.'라고 하면 안 되고, 반드시 '목사님 축도로 예배를 마치겠습니다.'라고 해야 바른 표현이 되는 것이다.

비기독교인도 섞여 있는 강연장이라면 물론 '오늘의 강사로 ○○○ 목사를 모셨습니다.'라고 해야 바른 표현이 된다. 비록 기독교 방송이라 할지라도 '목사님'이라고 하면 실례가 된다. 기독교 방송은 기독교인만을 대상으로 하는 방송이 아니기 때문이다.

15

'성령 충만'의 바른 이해

....

1. 성령께서는 [+가산성]의 의미자질을 가진 인격적인 존재이시다.

2. '충만'은 추상명사로서 비실체성 의미자질을 가지고 있으며 인격적인 존재와는 호응을 이루지 못한다.

3. 따라서 '성령 충만'이라는 말을 사용하게 되면 성령님의 인격성을 부인하는 결과를 가져오기 때문에 이단이라는 비난을 받아도 변명할 여지가 없어지고 만다.

4. '성령'을 꼭 인격적인 존재 즉 삼위일체의 제3위로만 나타내고자 한다면 '성령의 감동으로 충만', 혹은 줄여서 '영감으로 충만', 더 줄여서 '영감충만' 등으로 표현해야 한다.

5. 그러나 성령에 관습적인 지시를 적용하면 '성령 충만'이라는 표현에 문제가 없다. 관습적인 지시를 적용하려면' 성령은 그 어떤 감동이나 느낌이 아니다'라고 하는 주장을 철회해야 한다.

....

한국 교회가 무심코 쓰는 말 중에 '성령 충만'이 있다.

(1) "믿음으로 승리하기 위해서는 성령의 충만을 받아야 하는
    데, 성령은 성삼위 중 제3위에 속하는 인격적인 존재이시
    지, 그 어떤 '느낌이나 감동'이 아니다."

설교나 강의 중에 흔히 듣는 말이다. 그리고 이와 같은 주장은
한국 교회에서 정설로 받아들여지고 있다. 그러나 여기에 문제가
없는지 주의 깊게 살펴볼 필요가 있다.

1. 성령은 성삼위 중 제3위에 속하는 인격적인 존재이시다.
성령께서는 성삼위 중 제3위에 위치하시며 독립된 인격체로서
[+가산성]의 의미자질을 가지고 있다.
의미자질(意味資質)이란 어떤 어휘가 가지고 있는 의미론적
인 성질 또는 그 어휘를 구성하는 의미론적 원소로서 다른 어
휘와 구별해주는 의미의 특정적인 면을 말하는 것이다(박경순,
2010:67).
'아버지와 어머니'의 의미자질을 분석해 보면 다음과 같다(成

百仁 · 金絃權, 1994:137).

(2)

가. 아버지: [생물], [사람], [남성], [어른], [기혼]

나. 어머니: [생물], [사람], [여성], [어른], [기혼]

그런가하면 '처녀'와 '소년'은 다음과 같이 분석된다.

(3)

가. 처녀: [사람], [여성], [어른], [미혼]

나. 소년: [사람], [남성], [아이], [미혼]

(2)와 (3)에서 보듯이 아버지-어머니에서는 〈남성〉과 〈여성〉,
처녀-소년에서는 〈여성〉과 〈남성〉, 〈어른〉과 〈아이〉라는 의미자
질의 차이에 의해서 의미가 서로 달라진 것을 알 수 있다.

　의미자질이 있고 없고는 '+', '-'기호로 나타낸다. (2)와 (3)
을 기호로 나타내면 다음과 같다.

(2') 가. 아버지: [+ 생물], [+ 사람], [+ 남성], [+ 어른],
　　　　　　 [+ 기혼]

　　나. 어머니: [+ 생물], [+ 사람], [- 남성], [+ 어른],
　　　　　　 [+ 기혼]

(3′) 가. 처녀: [+사람], [-남성], [+어른], [-기혼]

　　 나. 소년: [+사람], [+남성], [-어른], [-기혼]

그러면 성령의 의미자질은 어떤가? 기호로 나타내면 다음과 같다.

(4) 성령: [+인격성], [+가산성]

성경에는 성령께서 인격적 존재인 사실이 여러 곳에 명시되어 있다. 성령께서는 근심하거나(사 63:10) 탄식하며(롬 8:26) 간구 (롬 8:27)하신다.

성령께서 성삼위 중 제3위에 속하는 인격적인 존재이신 사실 은 성경 대·소요리문답 및 웨스트민스터 신앙고백에도 명시되 어 있다.[31]

---

31) 소요리문답 제6문
하나님의 신격에 삼위가 계시니 성부와 성자와 성령이시다. 이 세 위는 한 하나님이시니 본체는 하나요 권능과 영광이 동등하시다.

대요리문답 제9문
신격에는 삼위가 계시니 곧 성부 성자 성령이시며 이 삼위일체는 홀로 참되신 영원한 하나님이 시며 본체는 하나이며 권능과 영광은 동등하시나 그 위적 특성에 있어서만 다르시다.

웨스트민스터 신앙고백 제2장 3.
하나님의 본체는 하나이시나 삼위로 계신다. 즉 한 본체와 한 권능과 한 영원성이다. 아버지로 서의 하나님, 아들로서의 하나님, 성령으로서의 하나님이시다.〈출처: 대한예수교장로회(국신) 헌법(2015)

2. '충만'은 추상명사로서 비실체성의 속성을 지니고 있다

'충만'은 '한껏 차서 가득함'의 뜻을 가진 말인데 이 말은 '가득참'으로 순화하여 쓰도록 했으며(표준국어대사전) [-가산성]의 의미자질을 가지고 있다. 예를 들면 다음과 같다.

(5)

가. 그물에 고기가 가득하다.

나. 교실이 학생들로 가득 찼다.

다. 그물에 고기가 충만하다(?)

라. 교실이 학생들로 충만하다(?)

(5)에서 [+가산성]의 의미자질을 가지고 있는 '고기, 학생' 등은 [±가산성]을 가진 '가득하다, 가득 차다'와 호응을 이루는 반면 [-가산성]의 '충만'과는 호응을 이루지 못한다.

따라서 '성령'과 '충만'을 같이 쓰면 우리 어법상 비문 즉 문법에 맞지 않는 문장이 된다는 사실이다. 그 이유는 '성령'과 '충만'의 의미자질이 다름으로 두 낱말은 호응을 이루지 못하기 때문이다.

3. 성령 충만의 비문법성

그러함에도 불구하고 한국 교회에서는 '성령 충만'이라는 비문법적 표현을 예사로 사용하고 있다. 이는 우리말에 대한 이해가 부족하기 때문에 나타나는 현상으로 볼 수밖에 없다.

『개정성경』(2005, 대한성서공회)에 '성령 충만'이라는 말이 15회 쓰였는데, '성령의 충만'이 5회(눅 1:15, 41, 67, 4:1, 행 2:4), '성령이 충만' 5회(행 4:8, 31, 6:5, 13:9, 52), '성령과 지혜가 충만'이 1회(행 6:3), '성령 충만'이 1회(행 7:55), '성령으로 충만'이 2회(행 9:17, 엡 5:18), '성령과 믿음이 충만'이 1회(행 11:24)로 나타난다.

이와 같은 현상이 발생한 것은 우리말에 대한 이해가 부족한 상태에서 외국어를 직역한 데서 비롯된 것으로 볼 수 있다.

우리말 '충만'으로 번역된 성경원어 '플레도($\pi\lambda\eta\theta\omega$)'는 '채우다, 감화시키다, 영향을 주다' 등의 뜻을 가진 말로서 [±가산성]의 의미자질을 가지고 있다. 그러므로 '$\pi\lambda\acute{\eta}\rho\eta\varsigma\ \pi\nu\epsilon\acute{\upsilon}\mu\alpha\tau\upsilon\varsigma\ \acute{\alpha}\gamma\acute{\iota}\upsilon$(성령 충만)'으로 표기해도 문제가 없다.

그런가하면 영어 번역어 '필이나 풀(fill, full)' 역시 [±가산성]의 의미자질을 가지고 있기 때문에 'full of the Holly Ghost(성령 충만)'으로 표기해도 문제가 없는 것이다.

그러나 성경 원어나 영어를 우리말로 직역하면 우리말의 의미자질을 무시한 결과를 가져오기 때문에 오류가 발생하게 된다.

성령을 꼭 인격적인 존재 즉 삼위일체의 제3위로만 나타내고자 한다면 '성령의 감동으로 충만', 혹은 줄여서 '영감으로 충만', 더 줄여서 '영감 충만'등으로 표현하면 될 것이다.

4. 그렇다면 우리말 '성령 충만'을 합법적으로 인정할 만한 근거는 없는가?

있다.

(6) 성령은 그 어떤 '느낌이나 감동'이 아니다.

이 말만 강조하지 않으면 된다. "성령은 그 어떤 '느낌이나 감동'이 아니다."라고 못을 박아버리면 '관습적인 지시'에 의한 해석의 가능성을 차단하게 된다.

관습적인 지시란 이런 것이다. 예를 들어

(7) 영희는 밍크를 좋아한다.

이 문장에서 다른 문맥적 요소의 영향을 받지 않고도 영희가 밍크 털로 만든 옷을 좋아한다는 해석이 가능하다. 특정 문맥에서 밍크라는 동물 자체를 좋아하는 것으로 해석할 수 있으나 문맥과 상황의 도움을 받지 않고도 '밍크코트를 좋아한다'로 해석된다. 이를 관습적인 지시(customary reference)라고 한다(차준경, 2009:118).

성령 충만 역시 관습적인 지시를 적용해서 사용할 수 있다. 관습적인 지시를 적용하게 되면 '성령'은 '성령의 감동이 임한 상태'라는 확대해석이 가능하게 된다.

다만 '성령'에 관습적인 지시를 작용하려면 '성령은 그 어떤 감동이나 느낌이 아니다'라고 하는 단서를 빼버려야만 한다.

이제 선택은 한국 교회의 몫이다.

성령을 오직 성삼위 중 제삼위의 인격적 존재라는 사실만을 강조할 것인지(그렇다면 '성령 충만'이라는 말을 쓰면 안 된다), 아니면 '성령은 그 어떤 감동이나 느낌이 아니다'라고 하는 주장을 철회하든지(그렇다면 '성령 충만'이라는 표현이 가능하다) 해야 한다.

16

예수님의 존함으로 기도(?)

. . . .

1. 이름을 높여 이르는 말로 방명(芳名), 방함(芳銜), 성함(姓銜), 존명(尊名), 존함(尊銜), 함자(銜字) 등이 있다.

2. 기독교인이 기도할 때 '예수님의 이름으로 기도 합니다'라고 하지 '예수님의 존함으로 기도합니다' 하지 않는다.

3. '예수 이름'이라는 말 속에는 '예수라 일컫는 구세주의 이름'이라는 뜻이 내포되어 있다. 그러므로 '예수 이름으로 기도합니다' 하는 말은 '예수'라는 개인의 이름이 아니라 '예수라는 이름을 가진 구세주'의 권위로 기도한다는 뜻이 된다.

4. '존함'이라는 말은 일반적으로 '어르신의 존함', '춘부장의 존함' 등 이름을 대신할 수 있는 말이나 '존함이 어떻게 되십니까?'와 같이 이름을 묻는 경우에 사용된다. 따라서 실명인 '예수'와 '존함'의 조합은 어울리지 않는다.

5. '예수님의 존함으로 기도합니다'와 같은 말은 낯설기도 하거니와 어법에도 맞지 않는다.

. . . .

초등학교 시절이었던가, 아무튼 경어법을 배울 때 문득 이런 생각이 들었던 기억이 난다. 나는 경어법을 주로 어머니에게 배웠다.

"예수님같이 위대한 분은 '이름'이라고 하지 않고 '존함'이라고 해야 되지 않을까? 또 그냥 '예수'라고 하지 말고 꼭 '예수님'이라고 해야 되는 거 아닌가?"

그런데 이런 의문은 나뿐만 아니라 여러 사람들의 관심사인 것 같다. 지난 2004년 '교회용어 바로 씁시다' 캠페인을 펼치고 있는 이의용 교회문화연구소장이 '예수님의 존함으로'(리컴)라는 책을 펴낸 이후 이에 대한 논란은 지금까지 계속되고 있다.[32]

---

32) 인터넷 블로그에는 다음과 같은 글들이 올라 있다.

① 사전적 의미로만 '이름'이라는 말의 높임말이 '존함'이라는 이유를 들어 '예수님의 존함으로 기도합니다'라고 해야 한다는 주장을 선뜻 받아 들이기 어려운 말이다.…예수님을 대하는 존경의 마음은 십분 이해할 수 있으나 이점은 좀 더 신중을 기했으면 하는 마음과 아울러 지나치게 존대만을 찾다가 의미를 상실하는 어리석음을 범하는 일은 없었으면 하는 바람이다 (kachisori.blog.me/120174786582. 2012.12.02.).
② 예수님의 존함을 부를 때마다 기뻐 수 있는 우리 되도록 해주소서(bbs.catholic.or.kr/attbox/board. 2011.02.10)
③ 예수님의 존함으로 악한 귀신들을 쫓으며, 마지막 때의 징조들을 알고 분별하며 깨어 있다고 해서 벌써 승리감에 도취되어 교만하거나 나태해져서도 안 됩니다(.blog.daum.net/champ12/1268. 2012.07.10.).

'예수 이름'이라는 말은 기독 신자라면 누구나 쉽게 접하는 말이다.

(1)
가. 예수님 이름으로 기도합니다.
나. 예수 이름으로 예수 이름으로 승리를 얻겠네
다. 주 예수 이름 높이어 다 찬양하여라

경어법을 배울 때, '예수님 존함으로 기도합니다.'라고 해보기도 하고 '예수님 이름으로 예수님 이름으로 승리를 얻겠네', '주 예수님 존함 높이어 다 찬양하여라'라고 노래를 불러보기도 했다. 그렇게 하면서도 그게 맞는 것 같기도 하고 맞지 않는 것 같기도 하여 혼자서만 전전긍긍한 적이 있다.

이 궁금증은 늦은 나이에 국어학을 전공하면서 속시원하게 풀렸지만 그 동안 여러 사람에게 물어보아도 시원한 대답을 듣지 못했을 때의 안타까움이란 이루 말로 다 할 수 없다.

'예수님의 존함으로…'가 잘못된 이유를 몇 가지 살펴보면 다음과 같다.

(2)
가. 신사임당은 모든 여성의 귀감이다.
나. 신사임당은 모든 여성의 귀감이시다.

(3)

가. 대통령이 공항에 도착했습니다.

나. 대통령께서 공항에 도착하셨습니다.

예문 (2가)와 (3가)는 대상을 객관화해서 기술하는 것이고 (2나)와 (3나)는 존대 대상을 얼마간 좀 더 가까운 개인적인 관계로 파악하여 기술하는 것이다. 따라서 방송과 같은 공적인 담화에서는 존귀한 대상에 대해서도 '-시-'를 넣어서 말하지 않는다(이익섭·채 완, 2001:341). 즉 정보를 객관적으로 전달하는 상황에서는 존대법을 사용할 필요가 없는 것이다(고영근·구본관, 2011:459).

그런가하면 '존함'은 '홍길동의 존함'이라든가 '이순신의 존함' 등과 같이 개인의 이름과 함께 쓰이지 않는다. 일반적으로 '어르신의 존함', '춘부장의 존함' 등 이름을 대신할 수 있는 말이나 '존함이 어떻게 되십니까?'와 같이 이름을 묻는 경우에 사용된다. 따라서 실명인 '예수'와 '존함'의 조합은 어울리지 않는다.

또한 '예수 이름'이라는 말 속에는 '예수라 일컫는 구세주의 이름'이라는 뜻이 내포되어 있다. 그러므로 '예수 이름으로 기도합니다'라는 말은 '예수'라는 개인의 이름이 아니라 '예수라는 이름을 가진 구세주'의 권위로 기도한다는 뜻이 된다. 이 역시 '예수'와 '존함'의 조합이 어울리지 않는 이유가 되는 것이다.

이와 같은 이유로 '예수님의 존함으로 기도합니다'라는 것은 잘못되었다는 것을 알 수 있다.

이런 종류의 실수는 '이름'이라는 용어가 단순히 '사람의 성 아래에 붙여 다른 사람과 구별하여 부르는 말'이라는 정도로 이해하는 데서 비롯된다. '이름'이라는 말에는 다음과 같이 여러 가지 뜻이 있다는 것을 알아둘 필요가 있다(표준국어대사전).

(4)

(가) 다른 것과 구별하기 위하여 사물, 단체, 현상 따위에 붙여서 부르는 말. ≒명02(名)「1」.

　　이름을 붙이다/이 동물의 이름은 오랑우탄이다.

(나) 사람의 성 아래에 붙여 다른 사람과 구별하여 부르는 말.

　　이름을 부르다/이름을 짓다/성과 이름을 적어 주세요.

(다) =성명03(姓名).

　　이름 석 자/답안지에 이름을 적다/이름, 나이, 본적, 현주소 등을 묻고 부모, 처자식 등 가족 상황까지 자세히 확인을 한다.≪이호철, 문≫

(라) =명의02(名義)「1」.

　　제 이름으로 낸 책/우리 회사의 이름으로 그를 추천했다.

(마) 세상에 알려진 평판이나 명성.

　　이름을 날리다/이름 높은 문장가/이름깨나 얻다.

(바) 어떤 일이나 하는 짓에 특별한 데가 있어 일반에게 불리

는 일컬음.

그는 흉내를 잘 낸다고 해서 원숭이라는 이름을 얻었다.

(사) =명예01(名譽)「1」.

이름을 더럽히다.

(아) =명분01(名分)「2」.

평화라는 이름으로 독재를 정당화하다니.

(자) ((주로 '…의 이름으로'구성으로 쓰여))'…의 권위를 빌려','…을 대신하여(대표하여)'의 뜻을 나타낸다.

예수 그리스도의 이름으로 기도합니다./이 고을 판관의 이름으로 너를 체포한다.

(4자)에서 보듯 '예수 그리스도의 이름으로 기도합니다'는 '예수 그리스도의 권위를 빌려' 기도한다는 뜻임을 알게 된다.

'예수님의 존함으로 기도합니다'와 같은 말은 낯설기도 하거니와 어법에도 맞지 않는다. 반드시 바로잡아야 할 것이다.

17

내일 염려 내일이 한다(?)

· ·

1. '염려'란, 생각과 인격을 가지고 있는 인격체가 하는것이지 추
   상명사인 '내일'은 생각할 수 있는 주체가 될 수 없다.

2. '내일 일은 내일 염려할 것이요' 하든가 '내일의 염려는 내일
   에 속한 것이요' 해야 바른 문장이 된다.

3. 사탄의 작전은 한국 교회의 언어를 뒤죽박죽으로 만듦으로써
   성도들의 생각을 혼미케 하려는 것이다. 그리고 그 작전은 맞
   아 떨어져서 오늘날 한국 교회의 언어 생활은 그야말로 뒤죽
   박죽이 돼버렸다. 그럼에도 불구하고 한국 교회가 그 눈치를
   채지 못하고 있으니 심히도 염려스러운 것이다.

· ·

『개역개정』성경을 읽다가 '내일 일은 내일이 염려할 것이요(마 6:34)' 하는 구절에 이르러서 일단 읽기를 멈추었다.

'내일 일은 내일이 염려한다?'

고개를 갸웃거리면서 몇 번을 더 읽은 나는 '내일이'에서 '이' 자를 볼펜으로 까맣게 칠을 해놓았다. 교정을 보는 과정에서 이 부분을 빠뜨린 것으로 생각했기 때문이었다.

그러던 어느 날 성서공회에서 발행한 책자를 읽던 나는 놀라움을 금치 못했다. 내 상식으로는 도저히 이해할 수 없는 내용의 글이 실려 있기 때문이었다.

(1) 이 본문에서 문제가 되는 것은 34절의 '그러므로 내일 일을 위하여 염려하지 말라 내일 일은 내일 염려할 것이요…'라고 한 본문이다. 25절 이하에서 예수께서는 지금 당신의 청중에게 염려하지 말것을 권면하고 계신다. 목숨을 부지하려고 먹을 걱정을 한다거나 몸을 보호하려고 입을 것을 걱정하지 말라고 하신다. 34절은 결론적으로 하신 말씀이다. 내일 걱정마저도 사람이 할 것이 아니다. 내일 걱정은 내일이 한다. 이번 『개역개정판』은 '그러므로 내일

일을 위하여 염려하지 말라 내일 일은 내일이 염려할 것이요'로 고쳤다.

'염려'란, 생각과 인격을 가지고 있는 인격체가 하는 것이지 '내일'과 같은 추상명사는 생각할 수 있는 주체가 될 수 없다. 그러므로 '내일 일은 내일이 염려할 것이요'와 같은 문장은 우리 어법 상 비문에 속하는 것이다.

그런데 그 얼마 후 나는 더 놀라운 사실을 발견하게 되었다.

(2) 개역성경에서 '내일 일은 내일 염려할 것이요 한날의 괴로움은 그날에 족하니라'가 개정판에서는 '내일 일은 내일이 염려할 것이요 한날의 괴로움은 그날로 족하니라'로 바꾸었다. 지금까지의 개역으로는, 내일 일을 염려하되 오늘 하지 말고 내일에 하라는 말, 즉 염려하는 시간(날)에 관한 언급으로 되어 있는데, 원문의 뜻은 그러한 것이 아니라, 내일 일은 내일 자체가 염려할 것이니 너는 도무지, 내일에도, 염려하지 말라는 뜻. 염려하는 주체(네가 아닌 내일)에 대해서 언급하고 있는 것이다. 영어성경 New Revised Version(1989)에서는 'for tomorrow will bring worries of its own'으로, 우리말 표준 새번역에서는 '내일 걱정은 내일이 알아서 할 것이다. 한날의 괴로움은 그날에 족하니라'도 '……그날로 족하니라'로 더 정확하게 개정하였다(기독

교사상 제12권 제10호 161 쪽).

위의 글을 쓴 사람은 한국 교회 목회자 중 누구보다도 우리말에 정통하다는 분인데 어떻게 이와 같은 주장을 할 수 있는지 참으로 이해하기 어려운 일이다.

아무리 생각해도 이는 사탄의 계략에 한국 교회가 말려든 결과임이 분명했다. 사탄은 바벨탑 사건을 악용하여 한국 교회의 언어를 뒤죽박죽으로 만듦으로써 성도들의 생각을 혼미케 하려는 것이다. 그리고 사탄의 작전은 적중하여 오늘날 한국 교회의 언어생활은 그야말로 뒤죽박죽이 돼버리고 말았다.

'내일 일은 내일이 염려할 것이요'는 '내일이'에서 '이'를 빼버린 기존 『개역』처럼 '내일 일은 내일 염려할 것이요' 하든가 '내일의 염려는 내일에 속한 것이요' 해야 바른 문장이 된다(변이주, 2013:116).

참으로 염려스러운 것은 '내일 일은 내일이 염려할 것이요' 하는 문장이 잘못된 줄 모르고 따라서 쓰는 사람들이 있다는 사실이다.

소경이 소경을 인도하면 둘 다 구덩이에 빠진다고 주님께서 그렇게 경고하셨음에도 불구하고 우리 주위에서는 그와 같이 슬픈 일이 심심치 않게 일어나고 있다.

18

성교육

· ·

1. '성교육'이 교회전문용어는 아니지만 교회에서도 보편적으로 사용되는 말이다.

2. '성교육' 그 자체를 문제 삼자는 말이 아니다. '성교육'이라는 용어가 어떤 대상을 상대로 해서 쓰이느냐가 문제이다. 성교육 실시여부에 대해서는 갑론을박이 많았지만 '성교육'이라는 단어 자체에 함유된 부정적 요소에 대해서는 아무도 이의를 제기한 바가 없다.

3. '교육'이라는 말을 붙인다고 해서 다 교육적인 것은 아니다. 교육의 내용과 대상에 따라서 '망국교육'이 될 수도 있기 때문이다.

4. '성교육'은 성인을 대상으로 해서 건전한 내용을 가르칠 때에만 교육이 될 수 있다. 내용이 건전하다고 하더라도 청소년기 학생들에게는 '성교육'이라는 용어 자체가 말세적일 수 있다.

5. 학생들에게 실시하는 소위 '성교육'은 '순결교육'과 같은 적절한 용어로 대체해야 한다.

· ·

1970년대, 학생들에게 성교육을 시켜야 하느냐 말아야 하느냐로 논쟁이 뜨거웠던 때가 있었다. 그 때 '성교육'이라는 용어 자체를 문제 삼은 논쟁은 없었다. 그 이후에도 이 용어에 대한 논쟁은 제기된 바 없다.

'성교육'이라는 말은 단어 그 자체로는 조금도 이상하거나 잘못된 부분이 없다. 다만 사회에 미친 부정적 영향이 너무 큰 것이 문제이다.

학교에서 '성교육'이라는 말을 쓰기 시작한 것은 1970년대 이후이다. 원래는 '순결교육'이라는 용어를 사용했었는데 여성단체에서 '순결교육'이 성차별용어라는 이유를 내세워 강력하게 반발한 결과 '성교육'이란 말로 대체한 것이다. 표준국어대사전에 실린 '성교육'의 의미는 다음과 같다.

(1) 성장기의 아이들에게 성에 관한 올바른 지식을 갖도록 하는 교육.≒성욕 교육.「참고어휘」순결교육(純潔敎育)

그러나 당시 여성단체 회원들은 '성교육'이라는 용어가 우리 사회에 얼마나 큰 악영향을 미칠지, 혹은 '성교육'이라는 용어 때문에 자신의 딸들이 얼마나 큰 피해를 입게 될지 상상조차 하지 못했을 것이다.

'성교육'이라는 용어가 성인에게 적용될 때는 아무 문제가 없다. 성교육을 통해서 성에 대한 지식을 증가시키며 다양한 성행위의 기술도 교육할 수 있다. 유쾌하고 즐거운 성생활을 유지하므로 부부 사이의 애정이 돈독해지며 삶의 보람을 성생활에서 찾을 수도 있다. 이는 성교육을 통해서 누릴 수 있는 막대한 혜택임에 틀림없다.

그러나 대상이 초·중·고 학생들일 때는 문제가 달라진다. 학생들에게 『소녀경』을 필독서로 추천하고, 피임법을 가르친다면 성교육의 목적을 의심하지 않을 수 없다. 이는 '성에 대한 올바른 지식 전수'가 목적이 아니라 임신걱정 말고 성을 마음껏 즐기라는 망국교육이라는 비판에서 자유로울 수 없다. 어디 그뿐이랴!

초등학교 6학년 보건 교과서에 실린 내용을 들여다보자.

(2)

가. 사람의 성관계는 동물의 짝짓기와 뭐가 달라요?

나. 동물은 종족 번식을 위해 짝짓기를 하지만 사람은 서로 사랑하고 있다는 것을 확인하기 위해 성관계를 맺습니다.

그렇다면 초등학생들도 서로 사랑하기만 하면 성관계를 맺어도 된다는 말인가? 게다가 동성애는 잘못된 것이 아니며 해도 괜찮다고 가르치고 있으니 참으로 아이들을 학교에 보내야 할지 말아야 할지 결정하기 어려운 세상이 되었다.

언어가 가벼우면 생활이 가벼워진다. 언어가 속되면 생활이 속되다. 언어가 난폭하면 생활이 난폭해진다. 언어와 생활은 언제나 함께 가기 때문이다.

본 연구자는 70년대 후반기, 중학교에서 학생들을 가르친 경험이 있다. 5년여 재직기간을 통해 같은 학교에서 세 건의 성폭행 사건을 경험했다. 세 건 모두 가해자는 교직원들이었고 피해자는 본교 여학생들이었다. 그런데 세 건 모두 여학생들을 유인할 때의 미끼는 '성교육'이었다.

"성교육 시켜줄까?"

가해 교직원들은 학교에서 '성교육' 강의가 끝난 직후 이런 말로 여학생에게 접근했다. 성폭행을 목적으로 여학생에게 접근하는 데 있어서 '성교육'만치 적용하기 좋은 용어는 아마 드물 터이다.

'성교육'을 통해 '성'에 대한 관심이 잔뜩 부풀린 상태에서 그 '성교육'을 실습으로 보여주겠다는 제안에 일단은 호기심이 발동할 것이라는 예측은 그 누구라도 할 수 있는 일이다.

물론 무엇보다도 교직원이나 어른의 자질을 탓해야 할 일이겠지만 그와 같은 빌미를 제공한 교육 당국자들에게는 책임을 물을 수 없는 것인지 깊이 반성할 문제이다.

이와 같이 불행한 일이 어찌 본 연구자가 근무한 학교에서만 일어났다고 할 수 있겠는가, 그리고 어찌 40년 전에만 가능한 일이라고 단정할 수 있겠는가를 생각해 보면 '성교육'이라는 말이 적어도 초·중·고 학교에서만은 사라져야 할 장애언어[33]라는 주장에 공감할 수 있을 것이다.

그러므로 초·중·고 학교에서만은 '성교육'이라는 장애언어 대신 '순결교육'이라는 용어를 사용해야 한다. 성교육과 순결교육, 두 낱말이 가지는 사전적 의미는 비슷하다 해도 각각의 낱말 자체가 함유하고 있는 교육적 한계와 품위는 엄청나게 차이가 있는 것이다.

우리나라 학교에서 순결교육을 버리고 성교육을 시켜온 지 40여 년이 지났다. 지금 우리나라는 세계에서 청소년 범죄가 가장 심각한 나라 중의 하나가 됐다.

지난 2007년 어느 대선 후보가 우리나라 망국병 세계1위 50가지를 발표한 바가 있다. 그 중에는 이혼증가, 유락여성, 유흥업소, 음란전화, 러브호텔, 학생폭행, 교사폭행, 강간폭행, 미혼모 등이 끼어 있다.

여기에는 여성단체들의 지나친 피해의식과 사려 깊지 못한 단

---

33) '장애언어'라는 용어는 본 연구자가 사회복지를 연구할 때 시험적으로 사용한 말이다. '비문법적 단어나 문장'이라는 인문학적 정의에 '사회에 부정적 영향을 미치는 표현 및 사회정서에 어긋나는 표현'이라는 뜻을 더한 개념으로 사용했다.

체 행동이 한몫을 했다고 본다. 여성들의 지나친 성차별의식이 단체행동을 통해 '성교육'이라는 장애언어를 교실로 불러들였고 그 결과 청소년 범죄를 가중시켰다. 그 증거를 김승권(2008:133)에서 찾을 수 있다고 본다.

김승권에 따르면 우리나라에서 성폭력에 대한 국가의 정책적 관심이 본격화된 것은 1980년대 후반부터이다. 특히 1990년대 초부터 증가된 성폭력 및 그 피해자에 대한 관심의 증대로 1994년「성폭력범죄의 처벌 및 피해자 보호 등에 관한 법률」이 제정되었다.

우리나라에서 성폭력에 대한 국가의 정책적 관심이 본격화 된 시기가 1980년대 후반부터라면 학교에서 성교육을 실시한 지 15년 내지 20년이 지난 후이다. 그렇다면 성폭력에 대한 문제가 발생하기 시작한 것은 성교육이 실시된 지 10년 내지 15년 후부터라고 할 수 있을 것이다.

어떤 사람이 성교육을 처음 받은 시기가 초등학교 6학년이었다면 성폭력 문제가 심각하게 대두된 시기는 이 학생이 대학을 졸업하기 직전이 아니면 직후라는 계산이 나온다. 즉 성교육을 받고 자란 세대가 20~30대에 이르렀을 때 성폭력문제가 심각하게 발생하기 시작한 것이 성교육과 무관한지 생각해 볼 문제이다.

성에 대한 건전한 지식을 주기 위한 것이 소위 '성교육'이라고 하지만 순진무구한 학생들 앞에서 음경이니 고환이니 음순이니 음핵이니 하는 말들을 서슴없이 구사하는 것이 바람직한 일인지도 되물어야 할 사항이다.

'성교육'은 학생들에게서 수치심을 거둬가 버리고 말았다. 수치심을 잃은 결과는 범죄를 심상히 여기게 만들어 문제아로 전락시키는 것이다. 성교육 실시 이후 성범죄의 만연은 이미 예고된 것이었다.

성교육 실시에 대한 찬반양론이 팽팽하게 맞서던 때, 한동세는 성교육 망국론을 피력한 바 있다(여성동아, 1970, 4월호).

(3) 일본인들이, 그리고 서양 사람들이 섹스박람회를 열고 국부를 노출시키고 누드를 그리고 도색영화 같은 것을 가지고 어린이를 교육합네 한다고 해서 한국이 성 윤리에서 후진국이라고 생각한다면 그것은 큰 오산이다. 만약 그런 짓을 지금 여기서 한다면 우리 한국의 가족제도와 미풍양속은 일시에 무너지며 이 사회는 붕괴되고 이 나라는 망하고 말 것이다.

꼭 한동세의 예언이 적중했다기보다는 시대적 상황이 그렇게 몰고 갔다고 해야겠지만 아무튼 학교에서의 성교육 실시가 한국의 가족제도와 미풍양속을 무너뜨리는 한 원인으로 작용한 것만은 부인할 수 없을 것이다.

성에 대한 극단적인 후안무치와 성의 범람에 대한 형벌로 한 도시가 아주 멸망해버린 예를 우리는 성경에서 찾아볼 수 있다.

창세기 19장에 보면 소돔사람들은 얼마나 성에 대해서 심상할 뿐 아니라 후안무치했던지 늙은이와 젊은이가 함께 떼지어 와서 롯이라고 하는 사람의 집에서 유숙하는 손님들을 내놓으라고 아우성을 쳤다.

결국 소돔은 불벼락을 맞아 도시 전체가 망한 것은 물론 그 오명을 후세에까지 남기게 되었다. 영어 'sodomite'는 소돔사람이라는 뜻이지만 '매춘부, 매음부, 남색자'라는 뜻으로서 오늘을 사는 현대인들에게 경종을 울려주고 있는 것이다.

'순결교육'이라는 말을 성차별 용어로 간주하여 '성교육'이라는 장애언어를 끌어들인 여성단체들은 인식의 전환이 필요함을 통감해야 할 것이다. 여성단체 스스로가 앞장서서 '성교육'이라는 장애언어를 폐기하고 '순결교육'이라는 용어와 함께 순결교육을 강화해야 한다.

여성들의 인식전환이 필요한 부분에 이르러서는 과감한 변화를 시도해야겠고, 혹시 책임질 일이 있을 때는 전적으로 책임을 지는 의식변화가 일어나야 할 것이다. 그렇지 않고 계속하여 책임전가만 일삼는다면 상황은 더욱 악화될 것이 불을 보듯 뻔하다. 여성들의 책임전가의식이 얼마나 심각한가에 대한 예를 들어본다.

(4) 우리는 흔히 여성의 노출이 남성의 성충동을 자극하여 성폭력을 유발시킨다는 논리가 주장되는 것을 경험한다. 그러나 이는 성폭력의 본질을 파악하지 못한 생각일 뿐이다. 만약 이것이 사실이라면 성폭력은 노출을 심하게 하고 다니는 여성에게만 발생해야 한다. 실제로 성폭력은 노출이 심한 여성에게만 일어나는 것도 아니고 젊은여성에게만 일어나는 것도 아니고 1세 미만의 아동에서 70세 노인에게까지 일어나고 있다. 또한 성폭력은 노출이 심한 옷을 입을 수있는 여름철뿐 아니라 겨울철에도 거의 비슷한 비율로 발생하고 있다. 이런 왜곡된 사회적 통념은 단지 피해자의 옷차림이나 언동에 성폭력에 대한 책임을 전가하거나 범죄를 정당화하는 치졸한 논리일 뿐이다(이원숙, 1998:258~259).

위의 글은 지나치게 주관적이라는 느낌을 준다. 여성의 노출이 남성의 성충동을 유발시킨다는 것은 상식에 속한다. 결코 책임전가이거나 범죄를 정당화하는 치졸한 논리라고 보기 어렵다.

견물생심이라는 말이 있다. 탐나는 물건을 보면 갖고 싶은 욕심이 저절로 발동한다는 옛 어른들의 가르침이다. 노출이 심한 여성을 볼 경우 성충동이 일어나는 것은 자연적인 섭리이다. 그야말로 '견물생심'인 것이다.

그 뿐만도 아니다. 노출이 심한 여성은 다른 사람 눈에 행동거

지가 가볍게 보인다. 비단 노출이 심한 여성 본인뿐 아니라 모든 여성이 다 가볍게 보이는 것이다. 따라서 모든 여성은 함부로 다뤄도 괜찮다는 생각을 준다. 결국 강간사건의 빌미가 되기도 한다.

고양이에게 생선가게를 맡겨놓았더니 생선을 다 먹어버렸다면 고양이를 나무라야 할 것인가 아니면 사람의 실수를 탓해야 할 것인가 생각해 볼 일이다. 성폭력을 행사한 장본인에게 전적인 책임이 있는 것은 사실이지만 자신이 책임져야 할 일을 남에게 미루는 것 또한 나쁘다는 인식을 강하게 심어줘야 할 필요가 있다.

그런가하면 여성들의 지나친 피해의식이 본래의 뜻을 왜곡시키고 오류를 불러들인 사실이 발견된다. 최근 들어 PC운동이 활발하게 진행되고 있다.

PC란 'Politically-correct language'의 약자로 우리나라에서는 '정치적으로 올바른 언어'로 번역하여 쓴다. 이 용어는 1970년대 진보적인 여성주의자들이 언어를 사용할 때 "정치적으로 올바른 자세로 언어를 선택하여 사용해야 한다."고 주장하면서 사용하기 시작한 용어이다.

PC운동이 여러 문화권의 언어생활에 미친 영향은 적지 않다. '사회적 소수(少數)', '사회적 약자(弱者)'라는 단어가 생긴 것도 그 영향의 결과이다(박금자 외2인, 2004: 88).

박금자 등이 제시한 PC의 한 예를 들어보면 다음과 같다.

(5) 여성 직업인을 남성 직업인과 갈라 '여기자, 여의사' 식으로 한자접두사 '여(女)'를 굳이 넣어 표시하는 용법에 저항을 느끼는 사람이 늘어간다. 일본에서는 '부인(婦人)'이라는 한자어를 쓰지 말자는 움직임이 있다. '婦'자에는 방이나 마당을 쓰는 빗자루를 뜻하는 튼가로왈 자가 들어 있으니 빗자루를 들고 있는 여성이라는 의미가 있어 차별적 단어라는 것이다.

한국이건 일본이건 여성들의 목소리가 갑자기 높아지다 보니 신중해야 할 부분을 놓치는 경우가 발견된다. 앞에서도 이미 지적했거니와 여성단체들의 지나친 피해의식과 사려 깊지 못한 단체행동이 이러한 결과를 가져오게 된 것이다.

'여기자, 여의사' 등은 여성차별을 의식하고 쓴 말이 아니다. 오히려 여성에 대한 대접이며 찬사의 표시임을 인정해야 할 부분이다. 여성의 사회진출이 활발하지 못하던 시절에 남성도 이루기 어려운 목표를 달성하여 의사도 되고 기자도 된 맹렬여성은 사회의 주목을 받기에 충분했다. 지금도 '여기자, 여의사'는 선망의 대상이다.

'婦'자가 여성차별을 부추기는 글자라고 한다면 '男'자는 남성차별 글자로 보아야 한다. '男'자는 '田 + 力'의 구조로 되어 있어서 '남자는 하루 종일 밭에서 일하는 사람'이라는 의미를 담고 있기 때문이다.

한자어 '婦人'에서 '婦'자는 '女＋帚'의 구조로 되어 있다. 그런데 '帚'자는 청소도구인 '비'를 뜻하며 '추'라고 읽는다. 이 '帚'자가 '비'를 뜻한다고 해서 이를 두고 여성차별 글자 운운하는 것은 한자에 대한 지식이 깊지 못한 데서부터 오는 오해이다. '婦'자는 단순히 빗자루를 든 여자가 아니라 '제단을 청소하는 존귀한 여성'이라는 뜻을 가진 글자이다.

'여기자, 여의사, 婦人' 등을 정치적으로 바르지 못한 언어로 규정한 것은 여성들의 지나친 피해의식이 불러온 편견으로 보아야 할 것이다.

여성들의 지나친 성차별의식이 단체행동을 통해 '성교육'이라는 장애언어를 교실로 불러들이는 한편 청소년 범죄를 가중시키는 결과를 초래했는데도 불구하고 이를 극력 부인한다면, 또한 심한 노출은 분명히 자제해야 할 일임에도 불구하고 성폭력의 원인을 제공한 것이 아니라는 이유로 그 책임을 전적으로 남성에게만 돌린다면, 그리고 한껏 대접해 주는 말인 '여기자, 여의사, 婦人' 등과 같은 말도 수용하지 못하고 지나친 피해의식으로 인한 편견 때문에 자신들에게 주어진 권익조차 스스로 포기한다면 이야말로 책임을 전가하거나 범죄를 정당화하는 치졸한 논리의 전개라 할 수 있을 것이다.

19

한부모 가족

....

1. '한부모가족'이나 '좋은 죽음' 등은 사회복지 분야에서 주로
   사용하는 용어이다. 그러나 사회복지와 기독교는 밀접한 관계
   를 형성하고 있으므로 교회 용어와 연관하여 살펴본다.

2. 외국어를 직역하면 비문이 되는 경우가 상당히 많다. 예를 들
   어서 개정성경 〈에베소서 5장 31절〉은 '그러므로 사람이 부
   모를 떠나 그의 아내와 합하여 그 둘이 한 육체가 될지니'로
   번역이 되어 있다. 여기서 '그의 아내'는 헬라어 원문 '*γυναικα
   αὐτου*'의 번역인바 영어번역은 'his wife'로 되어 있다.

2. 그러나 우리말로 번역할 때는 '자기 아내'로 하든지 '그 아내'
   로 해야 바른 문장이 된다. 우리 어법상 '그의 아내'는 다른
   사람의 아내를 가리키기 때문이다.

3. 'single-parent family'를 '한부모'로 번역하거나 'good
   death'를 '좋은 죽음'으로 번역하면 우리 어법상 매우 낯선
   표현이 된다.

....

'한부모가족'이라는 신조어가 생긴 배경은 이렇다.

1998년 제정된 모자복지법은 1998년 제1차 개정이 있었고, 2002년에는 부자가정 지원을 추가해 모·부자복지법으로 전면 개정했다. 그러다가 2007년 다시 법을 개정했는데 이때에는 모·부자가정이라는 용어를 한부모가족으로, 법의 제명을 한부모가족지원법으로 변경하였다. 아동이 취학 중인 경우 22세 미만까지 확대하여 지원하도록 하며, 63세 이상의 고령자들과 손자녀로 구성되어 있는 조손가정의 경우도 이 법에 따른 보호대상자로 정함으로써 조손가정의 생활 안정과 복지증진을 도모하는 한편 법 문장을 한글화 하는 등 개선하였다(남기민·홍성로 공저, 2008:446).

가족복지학에서는 '한부모가족'을 이렇게 정의한다(조흥식 외, 2008:210).

(1) 오늘날 현대사회에는 다양한 형태의 가족이 존재한다. 이들 다양한 가족형태를 그 역할 및 구성과 관련하여 분류하면 크게 네 가지로구분할 수 있다. 전통적 가족, 맞벌이 가족, 계부모가족, 한부모가족이 그것이다. 전통적 가족은 부

(父)는 직업을 갖고 가정 밖에서 일하고 모(母)는 집안일을 하면서 자녀를 양육하는 부모와 자녀로 구성된 가족을 말하고, 맞벌이 가족은 부모 모두가 직업을 갖고 소득을 가지면서 자녀를 양육하는 가족형태를 말한다. 또한 계부모가족은 부모 중 한쪽이 계부나 계모로 구성된 가족을 말하고, 한부모가족이란 부모 중 한쪽으로만 구성된 가족을 말한다.…… 일반적으로 한부모가족은 부(父)나 모(母) 중의 한 사람이 단독으로 부모의 역할을 수행하는 가족으로 인식되고 있다.

'한부모가족'이라는 용어는 영어 'single-parent family'의 직역이다. 그러나 우리가 놓치지 말아야 할 부분이 있다.

번역에 있어서 직역을 피하고 의미를 옮긴다는 것은 상식에 속한다. 단어의 의미나 구조보다는 필자의 의도를 옮겨야 하는 것이다. 직역을 하게 되면 의미가 매우 어색해질뿐더러 오히려 뜻이 안 통하는 경우가 허다하다.

번역이란 1차 언어(원문)를 분석하여 언어전환과정을 거쳐 재구성하며 재구성된 것을 2차 언어로 변환시키는 작업인 바, Chapman이라는 탁월한 번역이론가에 따르면 번역가는 다음의 사항을 준수해야 한다(수잔 베스넷-맥콰이어, 1993:80).

(2)

가. word - for - word 식의 번역을 피해야 한다.

나. 원작의 "정신(참뜻)"에 미치는 번역을 하려 노력해야 한다

다. 다른 사람이 번역한 작품이나 주석을 올바르고도 학구적으로 탐구함으로써 지나치게 자유스러운 번역을 하는 것을 피해야 한다.

'single-parent'를 '한부모'라는 말로 번역한 것은 문제가 있다. '한부모'가 무슨 뜻인지 얼른 파악이 안 되기 때문이다.

위의 글 (1)에서 '전통적 가족, 맞벌이 가족, 계부모가족' 등은 조어에서나 풀이에서 전혀 문제가 없다. 그러나 '한부모가족'은 그렇지 못하다. '한부모'의 의미에 대해서 조흥식(2008) 등은 다음과 같이 풀이한다.

(3) 한부모의 '한'은 '하나'라는 의미와 함께 '온전하다', '가득하다', '크다'는 뜻을 가진 우리말로, 어머니든 아버지든 한 명의 부모로서 온전하고 가득 차 있다는 의미를 담고 있다.

그러나 이것은 지나치게 자의적인 해석이며 확대해석이라 할 수 있다. 이와 같은 주장의 부당성을 짚어보면 다음과 같다.

첫째, "'부모'는 아버지와 어머니를 아울러 이르는 말이고 '한'은 일부 단위를 나타내는 말 앞에 쓰여 '하나'임을 나타내는 말이므로, '한부모'와 같은 구성이 의미나 형태상 자연스럽지 않다"는 것이 국립국어원의 견해이다.

둘째, '부모'라는 명사에 '한'과 같은 접두사를 결합하는 자체가 무리이지만 백보 양보해서 '한부모'와 같은 단어가 형성됐다 하더라도 '한'이라는 접두사가 '부'와 '모'에 개별적으로 결합할 경우 어색한 말이 된다. 즉 '한모', '한부'와 같은 말은 존재하지 않는다. 부사 '한'과 명사 '부모'의 조합, 즉 '한 부모'라는 말은 이상이 없지만 부사가 됐든 접두사가 됐든 '한＋부' 혹은 '한＋모'의 조합은 어색하거나 불가능한 것이다. 그러므로 '한부모'는 곧 한 가정의 양친부모라는 뜻풀이는 가능할지 몰라도 '아버지든 어머니든 한 명의 부모로서 온전하고 가득 차 있다'는 풀이는 지나치게 억지스럽다는 생각이 든다.

셋째, 앞에서도 이미 지적했거니와 'single-parent'와 같은 외국어를 직역하다보면 의미가 전혀 다른 엉뚱한 번역이 이루어질 수도 있다. 예를 들어서 'good morning'을 '좋은 아침'으로 번역한다든가 'good evening'을 '좋은 저녁'으로, 'good night'을 '좋은 밤' 등으로 직역하면 원어가 의미하는 바를 제대로 나타내지 못하게 되는 것이다.

더욱 이해할 수 없는 것은 이렇게 분명하게 잘못된 표현이 법조문에 사용됐다는 사실이다.「한부모가족지원법」제1장 총칙 제4조(개정 2008. 2.29 제 8852호)에는 '한부모'를 "'모' 또는 '부'란 다음 각 목의 어느 하나에 해당하는 자로서 아동인 자녀를 양육하는 자를 말한다."는 전제하에 다음과 같은 세부항목을 두었다.

(4)

가. 배우자와 사별 또는 이혼하거나 배우자로부터 유기(遺棄)된 자

나. 정신이나 신체의 장애로 장기간 노동능력을 상실한 배우자를 가진 자

다. 미혼자(사실혼(事實婚) 관계에 있는 자는 제외한다)

라. 가목부터 다목까지에 규정된 자에 준하는 자로서 보건복지가족부령으로 정하는 자

그런데 이 법에는 용어에 관한 문제뿐 아니라 지나친 인권유린의 독소마저 들어 있다는 사실에 주목해야 할 것이다.

위 '나'에서 '정신이나 신체의 장애로 장기간 노동능력을 상실한 배우자'는 '한부모'의 자격에서 배제시켰다. '정신이나 신체의 장애로 장기간 노동능력을 상실한 배우자'는 '부'든 '모'든 아무런 자격도 가질 수 없다고 못박아놓았으니 이는 그야말로 인권

유린에 해당하는 독소조항이라 아니할 수 없다.

「한부모가족지원법」을 입안한 당사자들이나 이 법을 통과시킨 국회의원들에게 고의성이 있었다고 생각하지는 않는다. 그렇더라도 이렇게 중요한 법을 만들고 통과시키는 과정에서 법조문을 세밀히 살피지 못했다는 것은 중대한 과실이 아닐 수 없는 것이다.

문법이나 어법을 무시한 용어로 법을 만들어 놓고 그것이 법으로 결정되었으니 무조건 따라야 한다고 주장한다면 그것처럼 불합리한 일이 어디 있을 것이며 그것처럼 복지사회를 위협하는 일이 어디 있을 것인가 한 번쯤 짚고 넘어가야 할 일이다.

좋은 죽음

1. '좋은 죽음' 은 영어 'good death'의 직역이다. 그러나 외국어는 우리말로 직역하면 비문이 되는 경우가 대단히 많다.
2. 외국어를 우리말로 번역할 때 비문이 발생하게 되는 이유는 대체로 국어의 '주객대립기제'에 대한 이해 부족, 그리고 내포적 의미의 이해 부족에서 비롯된다.
3. 'good death'는 경우에 따라서 '아름다운 죽음'이나 '복스런 죽음', 기타 적절한 표현을 골라 써야 한다.
4. '춥다와 차다', '덥다와 뜨겁다', '기쁘다와 즐겁다' 및 '좋다와 아름답다' 등은 그 의미에 있어서 미묘한 차이를 지니고 있다. 주의하여 쓰지 않으면 원래의 뜻을 왜곡시키거나 훼손할 수도 있다.

'한부모가족'이 'single-parent family'의 직역이라면 '좋은 죽음'은 'good death'의 직역이다. 아마 Richard Smith가 쓴 『A Good Death』에서 비롯되지 않았나 생각한다.

　요양보호사 자료실 게시판(http//cafe.daum.net/happyexperience.08.12.23)에는 이런 글이 올라 있다.

　누구도 피할 수 없는 죽음을 무작정 공포와 금기로 여기는 것보다는 이제부터 '좋은 죽음'을 미리 생각해보며 준비하는 것이 지혜로울 듯하다.

　그런가하면 Khoury-Ghata, Venus가 쓴 책의 원서명이 『La Maestra』인데 이를 김교신이 번역하면서 『선생님, 좋은 죽음 맞으세요』라는 제목으로 바꾼 것을 볼 수 있다.

　또 이런 용례도 찾아볼 수 있다.

　"미리부터 '좋은 죽음'에 대한 의미를 이해하며, 좋은 죽음이 될 수 있도록 준비하는 것은 노인에게 좋은 죽음을 위한 준비 차원을 넘어, 노인의 남은 삶을 성공적 노후(successful aging)로 영위하게 하는 기반이 될 것이다."(양옥남 외 3인, 2008:365).

그러나 'good death'를 '좋은 죽음'으로 번역하면 비문이 된다. 그 이유는 다음과 같다.

첫째, 국어의 '주객대립기제'에 대한 이해 부족

어떤 사실에 대한 느낌이 주체적이냐 객체적이냐 하는 것은 자아와 세계의 구별을 전제로 하는 인식의 첫걸음이라 할 수 있다. '덥다'와 '뜨겁다', '춥다'와 '차다'는 온도가 높고 낮은 것으로 보면 같은 뜻이지만, 그것이 주체적인 느낌이냐 객체적(대상적) 느낌이냐는 판이한 대립을 보인다. 얼음은 차기는 해도 추울 수는 없고, 펄펄 끓는 물은 뜨겁기는 해도 더울 수는 없다. 덥고 추운 것은 대상이 아니라 주체이다(김종택 · 남성우, 1997:43).

'기쁘다'와 '즐겁다' 또한 마찬가지이다. '즐거운 추석'이나 '즐거운 소풍'은 가능하지만 '기쁜 추석'이나 '기쁜 소풍'은 불가능하다. 즐거운 소풍을 맞아 기뻐하는 주체는 사람이 아니면 안 되기 때문이다.

'좋다'의 대립어로 '아름답다'를 생각할 수 있다. 그런데 '아름다운 죽음'은 가능하나 '좋은 죽음'은 그렇지 않다. 죽음이 아름다울 수는 있어도 좋을 수는 없기 때문이다.

둘째, 내포적 의미의 이해 부족

'좋다'는 말은 사물이 가진 어떤 성질에 대한 객관적인 판단의 뜻을 가지며 그것이 사람에게 어떤 만족을 주는 성질이 있다는 뜻도 포함한다. 죽음이란 '좋다 나쁘다'의 판단의 뜻을 가질 수 없으며 사람에게 어떤 만족을 주는 성질을 포함하고 있지도 않다(임홍빈 편저, 1996:575). 그러므로 '좋은 죽음'이라는 말은 성립이 되지 않는다.

반면 '아름답다'는 말은 시각적이거나 청각적인 대상이 좋은 느낌을 주는 상태에 있는 것을 뜻한다. 감동스런 장면에 대해서도 쓰인다. 그러므로 '아름다운 죽음'이라는 말은 성립할 수 있다.

우리말 "잘 먹었습니다."를 영어로 표현할 때는 "I have good food."이라고 말하며 "참 즐거웠습니다.", 혹은 "잘 놀았습니다." 등을 영어로 표현할 때는 "I have good time."으로 표현한다.

만약에 "I have good food."를 "나는 좋은 음식을 가지고 있습니다."라고 번역한다든가, "I have good time."을 "나는 좋은 시간을 가지고 있습니다." 등으로 번역한다면 원어의 뜻을 왜곡시킬 수도 있다.

참고문헌

1. 성경

공동번역성서 개정판, 대한성서공회, 1999.

성경전서 개역판, 대한성서공회, 1956.

성경전서 개역개정판, 대한성서공회, 2005.

성경전서 표준새번역, 대한성서공회, 1993.

성경전셔, 미국셩셔공회, 1911.

아가페 큰글성경, 아가페출판사, 1994.

직역성경, 말씀의집, 2013.

현대인의 성경, 생명의말씀사, 2002.

HOLY BIBLE(1971), WM. COLINS SONS & CO. LTD.

HOLY Bible(1981), abs.

The Englishman's Greek New Testament(1877), London.

2. 사전류

강사문(2002), 청지기 성경사전, 시온성.

國語國文學資料辭典上(1995), 한국사전연구사.

기독교 낱말 큰사전(1999), 한국문서선교회.

동아원색 세계대백과사전(1982), 동아출판사.

브리태니커(1997), 브리태니커 · 동아일보 공동출판.

성경사전(2000), 아가페출판사.

聖書百科大事典Ⅱ(1979), 聖書敎材刊行社.

聖書百科大事典Ⅵ(1979), 聖書敎材刊行社.

聖書百科大事典Ⅷ, 1981), 聖書敎材刊行社.

神學事典(1981), 韓國改革主義信行協會 編.

신학용어해설(1992), 기독교문사.

아가페 성경사전(2000), 아가페출판사.

엣센스영한사전(1992), 민중서관.

완벽성구대전3(1982), 아가페출판사.

우리말돋움사전(1995), 동아출판사.

이병철 편(1986), 성서원어대전5, 한국성서연구원.

임홍빈 편저(1996), 뉘앙스풀이를 겸한 우리말사전, 아카데미하
  우스.

표준국어대사전(2010), 국립국어원.

헬라어소사전(1978), 보문출판사.

ESSENS ENGLISH-KOREAN DICTIONARY(1992), MINJUNGSE-
ORIM.

3. 논저 및 기타

강병도(1994), Q.A 시스템 성경연구 시리즈 권14(고전~몬),기독

지혜사.

강상우(2014), 이사야서의 나타난 성령의 사역, 안양대학교신학
   대학원 석사논문.

개역개정판을 말한다(1998), 대한성서공회.

고영근 · 구본관(2011), 우리말 문법론, 집문당.

고종석, 한겨레신문, 1988. 11. 17.

기독교개혁신문 제353호(2004. 6. 12.).

기독교개혁신보 355호(2004, 7, 10.).

기독교개혁신보 528호(2009. 1. 3.).

기독교개혁신보 제644호(2013.5.4.).

기독교개혁신문 제689호(2015. 2. 7.).

기독교사상 제12권(1988) 제10호.

金光洙(1976), 韓國基督教傳來史, 韓國教會史研究院.

金光洙(1979), 韓國基督教成長史, 韓國教會史研究院.

김광전(2014), 선교지에서의 전문인사역 훈련사역 연구: 민다나
   오를 중심으로, 총신대학교 선교대학원 석사논문.

김달호, 바른말백과, 경운출판사, 1980.

김석형(2014), 한국교회 사역활성화를 위한 코칭리더십의 타당
   성 연구: 꿈의교회를 중심으로, 호서대학교 대학원 박사논문.

김재성(2014) 총회개혁신문 677호.

金宗澤 · 南星祐(1997), 國語意味論, 한국방송통신대학교출판부.

김태영(2007), 한국어 대우법, 도서출판 역락.

김한웅(2013), 치유사역을 통한 목회 활성화 방안: 신가운암교회의 목회활동을 중심으로 호남신학대학교대학원 박사 논문.

김형철(1997), 개화기 국어연구, 경남대학교출판부.

노욱상(2013), 가정사역 중심의 목회 패러다임 연구, 동서대학교 선교복지대학원 석사논문.

노홍식(2013), 신약성경에 나타난 성령의 사역에 대한 연구(예수님과 베드로 그리고 바울 중심으로), 순복음대학교대학원 석사논문.

대요리문답(1969), 대한예수교장로회출판부.

大韓예수敎長老會憲法(1963), 大韓基督敎書會.

류성기(1998), 한국어 사동사 연구, 홍문각.

민영진(1998), 개역개정판을 말한다, 대한성서공회.

박금자 외 2인 공저(2004),『언어예절』, 한국방송대학교출판부.

박숙희 · 유동숙(1995), 우리말의 나이를 아십니까, 서운관.

박영순(2010), 한국어위미론, 고려대학교출판부.

박윤선(1978), 성경주석-창세기 출애굽기-, 영음사.

박윤선(1978), 성경주석-사무엘서, 열왕기, 역대기-, 영음 사.

박윤선(1978), 성경주석-바울서신-, 영음사.

박윤선(1983), 헌법주석, 영음사.

박종언(2014), 합신은 말한다 Vol. 29-4, 합동신학대학원대학교.

배해수(1992),『국어 내용 연구』, 국학자료원.

벤 A. 하비(1964)/박양조(역)(1992), 신학용어해설, 기독교문사.

변이주(2010), 크고 따듯한 등, 도서출판 한글.

변이주(2013), 한글개역성경의 국어정서법 오류에 관한 연구, 군
　산대학교 대학원 박사학위 논문.

뻘콥(1981), 뻘콥組織神學·敎會論, 기독교문사.

서덕현(1996), 『경어법과 국어교육 연구』, 국학자료원.

서헌제, 한국기독공보 제 2972호(2014.12.9)

成百仁·金絃權(1994), 言語學槪論, 韓國放送通信大學校.

소요리문답(1979), 보문출판사.

신헌수(2009), 「성전」개념을 중심으로 본 선교학적 교회론 연구,
　총신대학교대학원 박사논문.

심재기(1998), 교양인의 국어 실력, 태학사.

심재기·윤용식(1994), 文章實習, 한국방송통신대학교.

심재기·채완(2005), 언어와 의미, 한국방송통신대학교출판부.

안상혁, 합신은 말한다 181호(2015.3.10), 합동신학대학원대학
　교

쳤벤ㄱㄱ쫶頍(1995), 國語文法論·Ⅱ, 한국방송통신대학교출판부.

윤평현(2010), 국어의미론, 도서출판역락.

윤형(2004), 에스겔 성전의 정체성과 성전신학에 대한 이해,장로
　회신학대학교대학원 석사논문.

이경자(2000), 「동사 '죽다'의 의미 연구」, 전북대학교 교육대학
　원 국어교육과 석사학위논문.

이광수, 「야소교의 조선에 준 은혜」, 『이광수전집』10, 삼중당,

1971.

李圭昌(1992), 國語尊稱法論, 集文堂.

이윤재(2002),『나라사랑』제5권, 외솔회.

李潤夏(2001), 現代國語의 待遇法 硏究, 도서출판 역락.

이익섭외 2인(1997),『한국의 언어』, 신구문화사.

이익섭 · 채완(2001), 국어문법론강의, 학영사.

李義斗(2000),『國語 尊稱形態의 變化過程硏究』, 보고사.

이정복(2002),『국어 경어법과 사회언어학』, 보고사.

李基文(2012), 新訂版 國語史槪說, 태학사.

이송관(1998), 교회에서 쓰는 말 바로 알고 바로 쓰자, 예찬사.

이승구(2014.), 기독교개혁신보 677호.

이영수(2014), 부흥운동의 관점에서 본 성령의 은사 사역 이해와
    은사 Network를 통한 교회성장 방안, 총신대학교 목회신학전
    문대학원 박사논문.

이종윤(1989), 바람직한 교회 형태, 도서출판엠마오.

이호권 · 고성환(2008), 맞춤법과 표준어, 한국방송통신대학교출
    판부.

임홍빈 · 장소원(1995), 국어문법론 · Ⅰ, 한국방송통신대학교출
    판부.

장소원 외 3인공저(2005),『생활 속의 언어』, 한국방송통신대학
    교출판부.

장일권(2014), 전도사역을 통한 한국교회의 회복 방안, 총신대학

교 목회신학전문대학원 박사논문.

정규오(1982), 사도신경해설, 한국복음문서협회.

정길남(1992), 19세기 성서의 우리말 연구.

정길남(1994), 성서의 우리말 연구, 서광학술자료사.

정창균(2015), 기독교개혁신문687호(2015. 1. 17.).

조규빈(1991), 高校文法 자습서, 志學社.

정정덕(1991), 「'죽음'을 뜻하는 어휘의 구조」, 『국어의 이해와 인식』, 한국문화사.

조항범(1997), 다시 쓴 우리말 어원 이야기, 한국문원.

채현식(2000), 유추에 의한 복합명사 형성 연구, 서울대학교대학원 박사논문.

총회 회의록(2011), 대한예수교장로회(합신).

崔南善, 朝鮮常識問答, 三星文化財團, 1974.

표준예식서(1999), 대한예수교장로회(개혁)총회교육부.

한글맞춤법 해설(1988), 국어연구소.

한길(2002), 현대 우리말의 높임법 연구, 도서출판 역락.韓蘇顯, 동아일보, 1980. 3. 31.

해설찬송가 오픈찬송(1995), 한국찬송가협회.

헌법(1976), 대한예수교장로회총회출판부.

헌법(2010), 대한예수교장로회(합신)총회교육부.

M·Fakkema/황성철 역(1982), 기독교 교육철학, 한국기독교교육연구원.

G. I WILIAMSON(1980), THE SHORTER CATECHISM,PRESBYT

ERIAN AND REFORMED PUBLISHING CO.bbs.catholic.or.kr/attb

ox/board.

blog.daum.net/champ12/1268. 2012.07.10.

kachisori.blog.me/120174786582. 2012.12.02.

http://www.christiantoday.co.kr/view.htm?id=258572. 2015.3.3

찾아보기

망망한 바다 한가운데서 배 한 척이 침몰하게 되었습니다.
모두들 구명보트에 옮겨 탔지만 한 사람이 보이지 않았습니다.
절박한 표정으로 안절부절 못하던 성난 무리 앞에 급히 달려 나온 그 선원이
꼭 쥐고 있던 손바닥을 펴 보이며 말했습니다.
"모두들 나침반을 잊고 나왔기에 … "
분명, 나침반이 없었다면 그들은 끝없이 바다 위를 표류할 수밖에 없을 것입니다.

삶의 바다를 항해하는 모든 이들을 위하여 우리는 그 나침반의 역할을 하고 싶습니다.
우리를 구원하신 위대한 주 예수 그리스도를 널리 전하고 싶습니다.

"하나님은 모든 사람이 구원을 받으며
 진리를 아는 데에 이르기를 원하시느니라"
 (디모데전서 2장 4절)

교회에 뿌려진 가라지 용어들

지은이 ㅣ목사 변이주
발행인 ㅣ김용호
발행처 ㅣ나침반출판사

제1판 발행 ㅣ2016년 3월 5일

등   록 ㅣ1980년 3월 18일 / 제 2-32호
주   소 ㅣ157-861 서울 강서구 염창동 240-21 블루나인 비즈니스센터 B동 1607호
전   화 ㅣ본사 (02) 2279-6321 / 영업부 (031) 932-3205
팩   스 ㅣ본사 (02) 2275-6003 / 영업부 (031) 932-3207
홈페이지 ㅣwww.nabook.net
이 메 일 ㅣnabook@korea.com / nabook@nabook.net

ISBN   978-89-318-1509-2
책번호   다-3013

값은 뒷표지에 있습니다.